कालिदास सम्राट विक्रमादित्य के नवरत्नों में से एक थे। उन्हें संस्कृत-साहित्य में मूर्धन्य कवि माना जाता है। उनकी सभी काव्य-कृतियां काव्य-मनीषियों द्वारा प्रशंसित हुई हैं। पर उनकी नाट्यकृति 'अभिज्ञान शाकुन्तलम्' में उनकी साहित्यिक प्रतिभा ने जो कमाल दिखाया है, वह बेजोड़ है।

इस कृति का विश्व की कई अन्य भाषाओं में अनुवाद हो चुका है और उन भाषाओं के रसिक इसका आनन्द ले रहे हैं।

कालिदास की इस अमर एवं अप्रतिम कृति का यह हिन्दी अनुवाद हिन्दी के रसिक पाठकों के लिए प्रस्तुत है।

अभिज्ञान
शाकुन्तलम्

अशोक कौशिक

डायमंड बुक्स

प्रकाशक : **डायमंड पॉकेट बुक्स (प्रा.) लि.**
X-30 ओखला इंडस्ट्रियल एरिया, फेज-II
नई दिल्ली-110020
फोन : 011-40712200
ई-मेल : sales@dpb.in
वेबसाइट : www.diamondbook.in
मुद्रक : रेप्रो (इंडिया)

Abhigyan Shakuntalam

By : Ashok Kaushik

उद्धरण

जर्मन कवि गेटे ने कहा था –

"यदि तुम युवावस्था के फूल प्रौढ़ावस्था के फल और अन्य ऐसी सामग्रियां एक ही स्थान पर खोजना चाहो जिनसे आत्मा प्रभावित होता हो, तृप्त होता हो और शान्ति पाता हो, अर्थात् यदि तुम स्वर्ग और मर्त्यलोक को एक ही स्थान पर देखना चाहते हो तो मेरे मुख से सहसा एक ही नाम निकल पड़ता है–

शकुन्तला

महान् कवि कालिदास की एक अमर रचना!"

अनुक्रम

भूमिका

संस्कृत साहित्य में कालिदास का स्थान अप्रतिम है। कालिदास सम्राट विक्रमादित्य के 'नवरत्नों' में से एक थे। प्राचीन कालीन सम्राटों का मन्त्रिमण्डल उनका रत्नमण्डल कहलाता था। उस समय मन्त्रियों की गणना रत्नों के समान की जाती थी। विक्रमादित्य के नवरत्नों में कौन अधिक तेजवान, ओजस्वी और वर्चस्वी था यह कह पाना कठिन है। जिस प्रकार कालिदास का संस्कृत-साहित्य में अप्रतिम स्थान है उसी प्रकार विक्रमादित्य के मन्त्रिमण्डल में भी उनका स्थान अप्रतिम था।

कालिदास की कथा-कृतियों के बारे में संस्कृत-साहित्य में बहुत कुछ कहा गया है। कालिदास की कृतियों से परिचित होने के लिए हम उनका उल्लेख करना परम आवश्यक मानते हैं। संस्कृत के विद्वानों में यह श्लोक प्रसिद्ध है–

काव्येषु नाटकं रम्यं तत्र रम्यं शकुन्तला।
तत्रापि च चतुर्थोऽङ्कस्तत्र श्लोक चतुष्टयम्॥

इसका अर्थ है–काव्य के जितने भी प्रकार हैं उनमें नाटक विशेष सुन्दर होता है। नाटकों में भी काव्य-सौन्दर्य की दृष्टि से अभिज्ञान शाकुन्तलम् का नाम सबसे ऊपर है। अभिज्ञान शाकुन्तलम् में भी उसका चतुर्थ अंक और इस अंक में भी चौथा श्लोक तो बहुत ही रसणीय है।

इसी प्रकार एक अन्य विद्वान् ने कालिदास के विषय में कहा है–

कालिदासगिरां सारं कालिदाससरस्वती।
चतुर्मुखोऽथवा ब्रह्मा विदुर्नान्ये तु मादृशः॥

अर्थात्–कालिदास की वाणी के सार को आज तक केवल तीन व्यक्तियों ने समझा है, एक तो विधाता ब्रह्मा ने, दूसरे वाग्देवी सरस्वती ने और तीसरे स्वयं कालिदास ने। मुझ जैसा तो उनको ठीक से समझने में असमर्थ है।

इतना ही नहीं, इससे भी बढ़कर किसी प्राचीन संस्कृत के कवि ने कहा है–

कालिदास कविता नवं वयः माहिषं दधि सशर्करं पयः।
एणमांसमबला सुकोमला संभवन्तु मम जन्म-जन्मनि॥

इसका अभिप्राय है–यदि प्रत्येक जन्म में मुझे कालिदास की कविता, नई चढ़ती हुई जवानी, भैंस के दूध का जमा हुआ दही, शक्कर पड़ा हुआ दूध, हरिण का मांस और कोमल नवेली युवती प्राप्त होती रहें तो इस भवचक्र में जितनी बार भी जन्म लेना पड़े, मुझे वह स्वीकार है।

भारतीय आत्मा नित्य मोक्ष के लिए छटपटाती है किन्तु कवि कहता है कि कालिदास की कविता आदि यदि उसे मिलते रहे तो उसे मोक्ष की भी कामना नहीं है।

कालिदास के प्रंसग में विक्रमादित्य के नवरत्नों का यदि पाठकों को परिचय दे दिया जाय तो इससे उनके ज्ञान में वृद्धि ही होगी। उनके नवरत्न थे–

धन्वन्तरि

नवरत्नों में इनका स्थान गिनाया गया है। इनके रचित नौ ग्रन्थ पाये जाते हैं। वे सभी आयुर्वेद चिकित्सा शास्त्र से सम्बन्धित हैं। चिकित्सा में ये बड़े सिद्धहस्त थे। आज भी किसी वैद्य की प्रशंसा करनी हो तो उसकी 'धन्वन्तरि' से उपमा दी जाती हैं।

क्षपणक

जैसा कि इनके नाम से प्रतीत होता है, ये बौद्ध संन्यासी थे।

इससे एक बात यह भी सिद्ध होती है कि प्राचीन काल में मन्त्रित्व आजीविका का साधन नहीं था अपितु जनकल्याण की भावना से मन्त्रिपरिषद का गठन किया जाता था। यही कारण है कि संन्यासी भी मन्त्रिमण्डल के सदस्य होते थे।

इन्होंने कुछ ग्रन्थ लिखे जिनमें 'भिक्षाटन' और 'नानार्थकोश' ही उपलब्ध बताये जाते हैं।

अमरसिंह

ये प्रकाण्ड विद्वान् थे। वोध-गया के वर्तमान बुद्ध-मन्दिर से प्राप्य एक शिलालेख के आधार पर इनको उस मन्दिर का निर्माता कहा जाता है। उनके अनेक ग्रन्थों में एक मात्र 'असरकोश' ग्रन्थ ऐसा है कि उसके आधार पर उनका यश अखण्ड है। संस्कृतज्ञों में एक उक्ति चरितार्थ है जिसका अर्थ है 'अष्टाध्यायी' पण्डितों की माता है और 'अमरकोश' पण्डितों का पिता। अर्थात् यदि कोइ इन दोनों ग्रन्थों को पढ़ ले तो वह महान् पण्डित बन जाता है।

शंकु

इनका पूरा नाम 'शङ्कुक' है। इनका एक ही काव्य-ग्रन्थ 'भुवनाभ्युदयम्' बहुत प्रसिद्ध रहा है। किन्तु आज वह भी पुरातत्त्व का विषय बना हुआ है।

इनको संस्कृत का प्रकाण्ड विद्वान् माना गया है।

वेतालभट्ट

विक्रम और वेताल की कहानी जगतप्रसिद्ध है। 'वेताल पंचविंशति' के रचयिता यही थे, किन्तु कहीं भी इनका नाम देखने-सुनने को अब नहीं मिलता। 'वेताल पच्चीसी' से ही यह सिद्ध होता है कि सम्राट विक्रम के वर्चस्व से वेतालभट्ट कितने प्रभावित थे। यही इनकी एक मात्र रचना उपलब्ध है।

घटखर्पर

जो संस्कृत जानते हैं वे समझ सकते हैं कि 'घटखर्पर' किसी व्यक्ति का नाम नहीं हो सकता। इनका भी वास्तविक नाम यह नहीं है। मान्यता है कि इनकी प्रतिज्ञा थी कि जो कवि अनुप्रास और यमक में इनको पराजित कर देगा उनके यहां वे फूटे घड़े से पानी भरेंगे। बस तब से ही इनका नाम 'घटखर्पर' प्रसिद्ध हो गया और वास्तविक नाम लुप्त हो गया।

इनकी रचना का नाम भी 'घटखर्पर काव्यम्' ही है। यमक और अनुप्रास का वह अनुपमेय ग्रन्थ है।

इनका एक अन्य ग्रन्थ 'नीतिसार' के नाम से भी प्राप्त होता है।

कालिदास

ऐसा माना जाता है कि कालिदास सम्राट विक्रमादित्य के प्राणप्रिय कवि थे। उन्होंने भी अपने ग्रन्थों में विक्रम के व्यक्तित्व का उज्ज्वल स्वरूप निरूपित किया है। कालिदास की कथा विचित्र है। कहा जाता है कि उनको देवी 'काली' की कृपा से विद्या प्राप्त हुई थी। इसीलिए इनका नाम 'कालिदास' पड़ गया। संस्कृत व्याकरण की दृष्टि से यह कालीदास होना चाहिए था किन्तु अपवाद रूप में कालिदास की प्रतिभा को देखकर इसमें उसी प्रकार परिवर्तन नहीं किया गया जिस प्रकार कि 'विश्वामित्र' को उसी रूप में रखा गया।

जो हो, कालिदास की विद्वता और काव्य प्रतिभा के विषय में अब दो मत नहीं हैं। वे न केवल अपने समय के अप्रतिम साहित्यकार थे अपितु आज तक भी कोई उन जैसा अप्रतिम साहित्यकार उत्पन्न नहीं हुआ है। उनके चार काव्य

और तीन नाटक प्रसिद्ध हैं। शकुन्तला उनकी अन्यतम कृति मानी जाती है।

वराहमिहिर

भारतीय ज्योतिष-शास्त्र इनसे गौरवास्पद हो गया है। इन्होंने अनेक ग्रन्थों का प्रणयन किया है। इनमें–'बृहज्जातक', 'बृहस्पति संहिता', 'पंचसिद्धान्ती' मुख्य हैं। 'गणक तरंगिणी', 'लघु-जातक', 'समास संहिता', 'विवाह पटल', 'योग यात्रा' आदि-आदि का भी इनके नाम से उल्लेख पाया जाता है।

वररुचि

कालिदास की भांति ही वररुचि भी अन्यतम काव्यकर्ताओं में गिने जाते हैं। 'सदुक्तिकर्णामृत', 'सुभाषितावलि' तथा 'शार्ङ्धर संहिता' इनकी रचनाओं में गिनी जाती हैं।

इनके नाम पर मतभेद है। क्योंकि इस नाम के तीन व्यक्ति हुए हैं उनमें से–

१. पाणिनीय व्याकरण के वार्तिककार–वररुचि कात्यायन,
२. 'प्राकृत प्रकाश' के प्रणेता–वररुचि और
३. सूक्ति ग्रन्थों में प्राप्त कवि–वररुचि

यह संक्षेप में विक्रमादित्य के नवरत्नों का परिचय है।

अब कुछ शकुन्तला के विषय में–

शकुन्तला का जन्म स्वर्गीय अप्सरा मेनका के गर्भ से उन ऋषि विश्वामित्र से हुआ जिनके तप से इन्द्र तक डर गये थे और उन्होंने को ऋषि लुभाने के लिए और उनकी तपस्या भंग करने के लिए मेनका को मृत्युलोक में भेजा। कन्या के उत्पन्न होते ही मेनका उसको वन में छोड़कर स्वर्ग को लौट गई थी। वन के पशु-पक्षियों ने कन्या का पोषण किया और कण्व की दृष्टि पड़ने पर वे उसको अपने आश्रम में ले आए। पक्षियों द्वारा पालित-पोषित होने से कण्व ने उसका नाम 'शकुन्तला' रख दिया था।

शकुन्तला के प्रति महर्षि कण्व का अपनी औरस पुत्री जैसा स्नेह था। वे उसकी प्रसन्नता का सब सामान अपने आश्रम में जुटाते रहे।

'अभिज्ञान शाकुन्तलम्' में इसी शकुन्तला के जीवन को संक्षेप में चित्रित किया गया है। इसमें अनेक मार्मिक प्रसंगों को उल्लेख किया गया है। एक उस समय, जब दुष्यन्त और शकुन्तला का प्रथम मिलन होता है। दूसरा उस समय, जब कण्व शकुन्तला को अपने आश्रम से पतिगृह के लिए विदा करते हैं। उस समय तो स्वयं ऋषि कहते हैं कि मेरे जैसे ऋषि को अपनी पालिता कन्या में यह मोह है तो जिनकी औरस पुत्रियां पतिगृह के लिए विदा होती

हैं उस समय उनकी क्या स्थिति होती होगी।

तीसरा प्रसंग है, शकुन्तला का दुष्यन्त की सभा में उपस्थित होना और दुष्यन्त को उसको पहचानने से इनकार करना। चौथा प्रसंग है उस समय का, जब मछुआरे को प्राप्त दुष्यन्त के नाम वाली अंगूठी उसको दिखाई जाती है और पांचवां प्रसंग मारीचि महर्षि के आश्रम में दुष्यन्त-शकुन्तला के मिलन का।

अभिज्ञान शाकुन्तलम् की प्रसिद्धि का अनुमान इसी से लगाया जा सकता है कि आज से लगभग २०० वर्ष पूर्व सन् १७८९ में सर विलियम जोन्स ने इसका अंग्रेजी में अनुवाद किया तो उस अंग्रेजी अनुवाद का जॉर्ज फोरेस्टर ने सन् १८९१ में जर्मनी भाषा में अनुवाद प्रकाशित कर दिया। इसी अनुवाद को पढ़कर जर्मनी के सर्वश्रेष्ठ महाकवि गेटे ने अपने हृदय का जो उद्गार प्रकट किया वह अवर्णनीय है। उन्होंने कहा था :–

'यदि तुम युवावस्था के फूल और प्रौढ़ावस्था के फल और अन्य ऐसी सामग्रियां एक ही स्थान पर खोजना चाहो जिनसे आत्मा प्रभावित होता हो, तृप्त होता हो और शांति पाता हो अर्थात् यदि तुम स्वर्ग और मर्त्यलोक को एक ही स्थान पर देखना चाहते हो तो मेरे मुख से सहसा एक ही नाम निकलता है–'शकुन्तला।'

आज के साहित्य जगत में कालिदास और शेक्सपियर की तुलना की जाती है। किन्तु हम समझते हैं कि यह तुलना निरर्थक है। दोनों के काल में बड़ा अन्तर है। कालिदास प्राचीन काल के कवि हैं और शेक्सपियर बहुत ही बाद का कवि है। किन्तु प्राचीन और नवीन के विषय में स्वयं कालिदास ने कहा है–

'पुराना होने से कोई काव्य ग्राह्य नहीं हो सकता और नवीन होने के कारण त्याज्य भी नहीं हो सकता।'

हम शेक्सपियर को नवीन होने के कारण त्याज्य नहीं मान रहे हैं अपितु हम तो यही कहना चाहते हैं कि भले ही अंग्रेजी काव्य जगत में शेक्सपियर का अन्यतम स्थान हो किन्तु कालिदास की रचनाओं से उसकी तुलना करना समीचीन नहीं होगा। वह कालिदास के एक अंश को भी स्पर्श नहीं कर पाता।

हां, तुलसीदास से शेक्सपियर की तुलना करना चाहे तो की जा सकती है। शेक्सपियर ने एक स्थान पर कहा है–आंखों के जुबान नहीं और जुबान के आंख नहीं। किन्तु इससे पूर्व तुलसीदास इसी भाव को जनकपुरी में राम-जानकी के प्रथम दर्शन के अवसर पर इन शब्दों में रूपायित कर चुके थे–

गिरा अनयन नयन बिनु बानी।

कालिदास अपनी उपमाओं के लिए जग विख्यात हैं। संस्कृत में कहा गया है––कालिदास की उपमा, भारवि का अर्थगौरव, दण्डी का पदलालित्य, किन्तु माघ में इन तीनों का समावेश पाया जाता है।

कालिदास के विषय में जितना लिखा जाय वह कम होगा। यहां पर उनके प्रसिद्ध नाटक 'अभिज्ञान शाकुन्तलम्' का हिन्दी अनुवाद 'शकुन्तला' नाम से प्रस्तुत कर रहे हैं। इसमें संस्कृत भाषा का सौष्ठव और हिन्दी का लालित्य स्थायी रखने का हमने प्रयत्न किया है।

हमें आशा है कि इसको पढ़ने से पाठक को संस्कृत काव्य के लावण्य और अनुपमेयता का आभास अवश्य होगा।

मकर संक्रान्ति : २०४३ —अशोक कौशिक
दिल्ली

विषय-प्रवेश

सम्राट विक्रमादित्य अत्यन्त कर्तव्यनिष्ठ होने के साथ-साथ बड़े ही रसिक एवं साहित्य प्रेमी विद्वान् थे। उनके मन्त्रिमण्डल में कालिदास और भवभूति जैसे विद्वान् थे। प्रजा का अनुरंजन करना राजा का परम धर्म होता था। सम्राट् विक्रमादित्य अपने इस कर्तव्य में कभी चूके नहीं। अनुरंजन के साथ-साथ प्रजा के मनोरंजन में उनकी प्रवृत्ति थी। एतदर्थ समय-समय पर विभिन्न प्रकार के आयोजन होते थे। ये आयोजन ऋतु और पर्व के आधार पर किये जाते थे।

ऐसे ही एक आयोजन के अवसर पर कालिदास रचित 'अभिज्ञान शाकुन्तलम्' का मंचन किया गया।

यहां पर कालिदास के मुख से कुछ न कहलाकर केवल नाटक के सूत्रधार के माध्यम से बताया गया है कि आज कालिदास रचित 'अभिज्ञान शाकुन्तलम्' के माध्यम से सभा एवं प्रजा का मनोरंजन किया जाएगा।

नाटक की यह प्राचीन परिपाटी है। नाटककार अपना परिचय नाटक के सूत्रधार के माध्यम से दिलवाता है। इस प्रकार नाटक मंचन आरम्भ होता है।

पात्र-परिचय

पुरुष-पात्र

सूत्रधार	:	नाटक का प्रबन्धकर्ता
दुष्यन्त	:	हस्तिनापुर का सम्राट, नाटक का नायक
भद्रसेन	:	सेनापति
माढव्य	:	विदूषक
सर्वदमन	:	दुष्यन्त का पुत्र (भरत)
सोमरात	:	राजा का धर्मगुरु
रैवतक	:	द्वारपाल
करमक	:	राजा का सेवक
पार्वतायन	:	कंचुकी
वैतालिक	:	राजा के चारण
वैखानस शार्ङ्रव, शारद्वत, हारीत और गौतम	}	कण्व ऋषि के शिष्य
श्यामल	:	राजा दुष्यन्त का साला, प्रधान राजपुरुष
धीवर	:	मछुआरा
सूचक और जानुक	:	दोनों राजपुरुष
मारीच	:	कश्यप (प्रजापति)
मातलि	:	इन्द्र का सारथि
दुर्वासा	:	एक ऋषि

स्त्री-पात्र

नटी	:	सूत्रधार की पत्नी
शकुन्तला	:	कण्व की पालित कन्या, नाटक की नायिका
अनसूया, प्रियंवदा	:	शकुन्तला की सखियां
गौतमी	:	एक तपस्विनी
चतुरिका, परभृतिका, मधुकारिका	:	राजसेविकायें
प्रतिहारी, यवनी	:	परिचारिकायें
सानुमती	:	एक अप्सरा
अदिति	:	कश्यप की पत्नी

॥ अभिज्ञान शाकुन्तलम् ॥

प्रथम अंक

मंगलाचरण

या सृष्टिः स्त्रष्टुराद्या वहति विधिहुतं या हविर्या च होत्री
ये द्वे कालं विधत्तः श्रुतिविषयगुणाः प्राणवन्तः या स्थिता व्याप्य विश्वम्।
यामाहुः सर्वबीजप्रकृतिरिति यया प्राणिनः प्राणवन्तः
प्रत्यक्षाभिः प्रपन्नस्तनुभिरवतु वरताभिरष्टाभिरीशः ॥

[जिस सृष्टि को ब्रह्मा ने सबसे पहले बनाया, वह अग्नि जो विधि के साथ दी हुई हवन सामग्री ग्रहण करती है, वह होता जिसे यज्ञ करने का काम मिला है, वह चन्द्र और सूर्य जो दिन और रात का समय निर्धारित करते हैं, वह आकाश जिसका गुण शब्द है और जो संसार भर में रमा हुआ है, वह पृथ्वी जो सब बीजों को उत्पन्न करने वाली बताई जाती है, और वह वायु जिसके कारण सब जीव जी रहे हैं अर्थात् उस सृष्टि, अग्नि, होता, सूर्य, चन्द्र, आकाश, पृथ्वी और वायु इन आठ प्रत्यक्ष रूपों में जो भगवान शिव सबको दिखाई देते हैं, वे शिव आप लोगों का कल्याण करें।

[सूत्रधार का प्रवेश]

सूत्रधार : अब अधिक विलम्ब करना उचित नहीं है। *(इधर-उधर देखकर)* आर्ये, यदि आपने श्रृंगार कर लिया हो तो शीघ्र इधर आ जाओ।

[नटी आती है।]

नटी : आ गई आर्यपुत्र, आज्ञा कीजिए ! आज कौन-सा नाटक खेलना है?

सूत्रधार : आर्ये, हमारे महाराज विक्रमादित्य तो रस और भाव का चमत्कार दिखाने वाले कलाकारों के आश्रयदाता हैं और आज उनकी सभा में बड़े-बड़े विद्वान् पधारे हुए हैं। इसलिए उचित यही होगा कि आज इन्हें कालिदास कवि का नया रचा हुआ अभिज्ञान शाकुन्तल ही दिखाना चाहिए। तुम जाकर सब पात्रों को उनके अनुकूल ठीक से वस्त्राभूषण आदि से सुसज्जित होने को कहो।

नटी : आपने तो कलाकारों को पहले से ही इतना प्रशिक्षित कर दिया है कि अब किसी अन्य के कुछ करने-धरने के लिए शेष नहीं है। उनकी ओर कोई भी अंगुली नहीं उठा सकता।

सूत्रधार : *(मुस्कुराकर)* आर्ये ! तुम कह तो रही हो, किन्तु जब तक विद्वान् लोग नाटक को देखकर यह न मान लें कि नाटक बढ़िया है, तब तक मैं नाटक को सफल नहीं समझ सकता। क्योंकि पात्रों को चाहे जितने भी अच्छे ढंग से सजाया जाय, सिखाया जाय, फिर भी मन को सन्तोष नहीं होता।

नटी : *(विनय के साथ)* आर्य, आप ठीक कहते हैं, तो अब आप जो आज्ञा दें, वही किया जाय।

सूत्रधार : आर्ये ! हम नाटक के विषय में विचार-विमर्श करें, इससे पहले यह उत्तम होगा कि सभा में विराजमान गुणीजनों के कानों को आनन्दविभोर करने वाला कोई रोचक-सा गीत हो जाय तो उचित होगा।

नटी : तो किस प्राकर का गीत आरम्भ किया जाय?

सूत्रधार : ग्रीष्म ऋतु अभी आरम्भ ही हो रही है, इस कारण बहुत ही सुहावनी भी लगती है। इस समय यदि ग्रीष्म ऋतु के अनुकूल ही कोई राग छेड़ो तो उत्तम होगा।

देखो–

इन दिनों नहाने में जल बड़ा सुहाता है, बार-बार नहाने को मन करता है। पाटल में बसा हुआ वन का पवन भी बड़ा ही अच्छा लगता है। वृक्षों की घनी छाया थकान को मिटा देती है और नींद भी अच्छी आती है और फिर आजकल की संध्या तो इतनी सुहावनी होती है कि उसका वर्णन करना ही कठिन है।

नटी : ठीक है, ऐसा ही सही। *(गाने लगती है।)*

जिन शिरीष-सुमनों के सुकुमार केसरदल की शिखायें,
चूम-चूमकर रसमय भौरे फिर-फिर उड़ बैठ-बैठ जायें।
दया द्रवित हाथों से चुनकर लेकर सहृदयता से सत्त्वर
रचकर कर्णफूल फिर कानों में पहन रही प्रमदायें॥

सूत्रधार : आर्ये ! बहुत सुन्दर, बहुत अच्छा गाया। तुम्हारे इस राग को सुनकर लोग ऐसे बेसुध-से हो गए हैं कि यह सारी रंगशाला ही चित्रलिखित-सी दिखाई देने लगी है।

(कुछ क्षण रुककर) तो अब इनको इस समय कौन-सा नाटक दिखाकर इनका मनोरंजन किया जाय?

नटी : आपने स्वयं ही तो पहले कहा था कि आज इनको महाकवि

कालिदास का नव-रचित अभिज्ञान शाकुन्तल नाटक दिखाकर इनका मनोरंजन किया जाय।

सूत्रधार : अरे हां ! मैं तो भूल ही गया था। तुमने अच्छा स्मरण कराया। वास्तव में तुम्हारा गीत इतना मनोहर था कि उसके राग ने मेरे मन को बलपूर्वक ठीक वैसे ही खींच लिया जिस प्रकार कि···

[कान लगाकर सुनते हुए]

यह वेग से दौड़ता हुआ हरिण राजा दुष्यन्त को यहां खींच लाया है।

[दोनों का मंच से प्रस्थान]

(प्रस्तावना समाप्त)

[सारथि के साथ रथ पर बैठे, धनुष-बाण धारण किये हुए, मृग का पीछा करते हुए राजा दुष्यन्त प्रविष्ट होते हैं।]

सारथी : *(राजा और मृग को देखकर)* आयुष्मान ! इस काले सुन्दर मृग पर अपनी दृष्टि गड़ाए, और धनुष को प्रत्यंचा पर चढ़ाएं हुये इस समय आप ऐसे दिखाई दे रहे हैं मानो साक्षात् पिनाकी मृग का पीछा कर रहे हों।

दुष्यन्त : सूत ! यह हरिण तो हमें बहुत दूर तक खींचकर ले आया है। और अभी फिर भी बार-बार पीछे मुड़कर इस रथ को एकटक देखते हुए यह सुन्दर लगने वाला हरिण मेरा बाण लगने के डर से अपने पिछले आधे शरीर को सिकोड़कर आगे के भाग से मिलाता हुआ, देखो, कैसा दौड़ता ही चला जा रहा है। दौड़ते-दौड़ते थक गया है, इस कारण उसके मुख से आधी चबाई हुई कुशा के तिनके मार्ग में गिरते जा रहे हैं। डर के कारण यह ऐसी लम्बी-लम्बी छलांगें भर रहा है कि इसके पांव धरती पर पड़ते से दिखाई ही नहीं देते। ऐसा लग रहा है कि मानो यह आकाश में दौड़ता चला जा रहा हो।

[आश्चर्य करता हुआ, इधर-उधर देखकर]

हम तो इस हिरण के पीछे-पीछे ही चले आ रहे हैं, फिर भी यह हिरण हमारी आंखों से कैसे और किधर को ओझल हो गया है?

सारथी : आयुष्मन् ! यह भूमि बड़ी ऊबड़-खाबड़ है, रथ ठीक से नहीं चल पा रहा था, इस कारण मैंने घोड़ों की रास खींचकर उनकी गति मध्यम कर दी थी, मृग अपनी गति से दौड़ता हुआ हमसे दूर निकल गया है, इसलिए वह हमारी आंखों से ओझल हो गया

है। किन्तु आगे की भूमि समतल दिखाई देती है, वहां रथ की गति तीव्र हो जाएगी और तब आप मृग को हाथ में आया ही समझिए।

राजा : ठीक है, अब समतल भूमि आ गई है। घोड़ों की रास ढीली छोड़ दो, जिससे वे अपनी गति से दौड़ सकें।

सारथी : जैसी आयुष्मान की आज्ञा ! *(रास ढीली करता है, रथ का वेग देखकर)* आयुष्मन् ! देखिए-देखिए–

[घोड़ों की गति दिखाकर]

मेरे रास ढीली करते ही ये घोड़े अपने आगे का शरीर फैलाकर और माथे की चामर सीधी खड़ी करके, इतने वेग से दौड़ रहे हैं कि इनकी टापों से उठी धूल भी इनको नहीं छू पा रही है। ऐसा जान पड़ता है कि ये घोड़े हरिण के साथ दौड़ में होड़ कर रहे हों।

राजा : *(प्रसन्न होकर)* सचमुच ही इन घोड़ों ने तो इस समय सूर्य और इन्द्र के घोड़ों को भी दौड़ में पछाड़ डाला है। क्योंकि–
जो वस्तु दूर से पतली दिखाई देती थी वह क्षणमात्र में ही मोटी हो जाती है, जो वस्तु बीच से कटी-सी जान पड़ती थी वह झट से ही फिर ऐसी जान पड़ने लगती है, मानो उसे तुरन्त किसी ने जोड़ दिया हो और जो स्वभावतः ही टेढ़ी वस्तुएं हैं, वे आंखों को सीधी दिखाई देने लगती हैं।
रथ इतनी तीव्रगति से दौड़ रहा है कि कोई वस्तु हमसे न तो दूर ही रह पाती है और न समीप ही।

[कुछ रुककर]

सारथी ! देखो, अब इस हरिण को मारता हूं।

[राजा बाण चढ़ाता है]
[तभी नेपथ्य में]

हे, हे राजन् ! यह आश्रम का मृग है, इसे नहीं मारना चाहिए, रुकिए, इसे मारिए नहीं।

सारथी : *(आवाज सुनकर इधर-उधर देखकर)* आयुष्मान् ! आप जिस काले हरिण पर बाण ताने हुए हैं उसके बीच में तपस्वी आ गए हैं।

राजा : *(घबराकर)* तो घोड़ों को रोक लो।

सारथी : ऐसा ही करता हूं। *(इस प्रकार रथ को रोक लेता है।)*

[उसके बाद दो शिष्यों के साथ वैखानस प्रविष्ट होता है]

वैखानस : *(हाथ उठाकर)* राजन्! यह आश्रम का मृग है। इसको नहीं मारना चाहिए, आश्रम के जीव-जन्तु अवध्य होते हैं—इस पर कभी भी, जी हां, कभी भी, बाण चलाकर इसको मारना नहीं चाहिए। मृग का शरीर इतना कोमल होता है कि उसके लिए आपका बाण ठीक वैसा ही भयंकर है जैसे कि रुई के गद्दे के लिए अग्नि। बताइए, कहां तो हरिणों के कोमल प्राण और कहां आपके ये वज्र के समान कठोर और तीखे बाण।

इसलिए आपने यह जो बाण तानकर चढ़ाया हुआ है इसे उतार लीजिए। आपके शस्त्र तो पीड़ितों की रक्षा के लिए होने चाहिए, निरपराध और निरीहों को मारने के लिए नहीं।

राजा : लीजिए, मैंने उतार लिया अपना बाण। *(इस प्रकार कहकर अपने कथन को पूरा करता है।)*

वैखानस : पुरुवंश के दीपक, आप जैसे पुरुष को यही शोभा देता है। क्योंकि—

जिसने पुरुवंश में जन्म ग्रहण किया है, उसका यही उचित रूप है। हमारी भगवान से प्रार्थना है कि आपको ऐसे ही गुणों वाला चक्रवर्ती पुत्र प्राप्त हो।

दोनों शिष्य: *(अपने हाथ उठाकर)* आप सब प्रकार से चक्रवर्ती पुत्र को प्राप्त करें।

राजा : *(प्रणाम करके)* आपका आशीर्वाद शिरोधार्य है।

वैखानस : राजन्! यह सामने मालिनी नदी पर हमारे कुलपति महर्षि कण्व का आश्रम है। हम उस आश्रम के अन्तःवासी हैं और इस समय वन से समिधा लाने के लिए निकले हैं। यदि आपके किसी अन्य कार्य में किसी प्रकार की अड़चन न आती हो तो कृपया आश्रम में चलकर अतिथि-सत्कार स्वीकार कीजिए।

और फिर—

वहां जाकर जब आप देखेंगे कि ऋषि लोग निर्विघ्न होकर सब क्रियायें कर रहे हैं तब आप जान भी जायेंगे कि धनुष की डोरी की टंकार से सुपुष्ट बनी आपकी भुजा कहां-कहां तक पहुंचकर प्राणियों की रक्षा कर रही है।

राजा : क्या कुलपति जी महाराज वहां विराजमान हैं?

वैखानस : अभी थोड़ी देर पहले तक तो वे यहीं थे। अब वह अपनी सुकन्या शकुन्तला को अतिथि-सत्कार का कार्य सौंपकर स्वयं उसके खोटे ग्रहों की शांति करने के लिए सोमतीर्थ को प्रस्थान कर गये हैं।

राजा : ठीक है, मैं उन्हीं से भेंट कर लूंगा। वह बाद में महर्षिजी को बता देंगी कि महर्षिजी में कितनी मेरी अगाध भक्ति है।

वैखानस : हां, यही ठीक है। आप आश्रम में जाइए, हम लोग समिधाओं के चयन के लिए प्रस्थान करते हैं।

[वैखानस आदि का प्रस्थान]

राजा : सारथि ! घोड़ों को आश्रम की ओर बढ़ाओ। आज इस आश्रम के दर्शन करके अपनी आत्मा को ही पवित्र कर लें।

सारथी : जैसी आयुष्मान की आज्ञा।

[सारथी रथ को वेग से दौड़ाता है।]

राजा : *(चारों ओर देखकर)* सारथी ! देखो। चारों ओर के वातावरण को देखकर, बिना बताये ही यह सहज समझ में आ जाता है कि हम किसी आश्रम के तपोवन में पहुंच गये हैं।

सारथी : वह किस प्रकार ?

राजा : क्या आप यह सब देख नहीं रहे हैं ? यहां–
कहीं तो वृक्षों के तले सुग्गों के घोंसलों से गिरे हुए तिन्नी के दाने बिखरे पड़े हैं। कहीं इधर-उधर पड़े हुए चिकने पत्थर बता रहे हैं कि इन पर हिंगोट के फल कूटे गये हैं। कहीं निडर खड़े हुए मृग निश्चिंत होकर बिना किसी भय के हमारे जाते हुए रथ का शब्द सानन्द सुन रहे हैं। उन्हें विश्वास है कि आश्रम में उनको कोई बाहरी व्यक्ति भी किसी प्रकार से डरायेगा नहीं। और उधर देखो, नदी, तालाबों पर आने-जाने वाले मार्गों में मुनियों के वल्कलों से टपके हुए जल की रेखायें बनी हुई हैं।
और भी देखो–
वायु के कारण लहरें लेने वाली पानी की गूलों से यहां के वृक्षों की जड़ें धुल गई हैं। यज्ञ में प्रयुक्त घी के धुएं से नई चमकीली कोपलों का रंग धूमिल-सा हो गया है। और जहां-जहां उपवन से कुश को उखाड़ लिया गया है वहां मृगछौने निडर होकर मंद-मंद घास चर रहे हैं।

सारथी : जी हां, आप ठीक कहते हैं। यहां यह सब तो दिखाई दे रहा है। राजमहल की रानियों का शरीर इतना सुन्दर नहीं होता, उनमें यह सुन्दरता बहुत ही कठिनाई से कहीं-कहीं देखने को मिलती है। वह सुन्दरता यदि इन आश्रमवासिनी कन्याओं को मिली है तो इसका अभिप्राय यही है कि यहां की वन लताओं ने अपने गुणों से उद्यान की लताओं को भी जगा दिया है।
[इतना विचार कर राजा कहने लगा, इनके आने तक मैं यहीं ओट में खड़ा रहता हूं। उनको देखता हुआ ओट में खड़ा हो जाता

है। अपनी सखियों के साथ पौधों को सींचता हुआ शकुन्तला का प्रवेश।]

शकुन्तला : सखियो ! इधर आओ, इधर आओ।

अनसूया : अरी शकुन्तला ! मैं समझती हूं कि पिता कण्व इन आश्रम के पादपों को तुमसे भी अधिक प्यार करते हैं। नहीं तो भला चमेली की कली जैसे कोमल अंग वाली तुमको वे ये आल-वाल भरने का काम क्यों सौंपकर जाते ?

शकुन्तला : पिताजी ने मुझे इस काम पर नियुक्त किया है, केवल इसलिए ही मैं इन पादपों को नहीं सींचती।

अनसूया : तो फिर ?

शकुन्तला : मेरा स्वयं का भी इनके प्रति अपने सगे जैसा प्यार है इसलिए मैं यह सब करती हूं।

[पौधे सींचने लगती है।]

राजा : *(मन-ही-मन)* क्या यही महर्षि कण्व की कन्या है ? लगता है महात्मा कण्व बड़े निर्दयी हैं। उन्होंने ऐसी सुकुमार कन्या को आश्रम के इस प्रकार के कामों में लगा दिया है।
जो महर्षि कण्व इसके सहज सुन्दर शरीर को तपस्या के लिए साधना चाह रहे हैं वे वास्तव में नीले कमल की पंखुड़ी की धार से शमी का वृक्ष काटने का उपक्रम कर रहे हैं।
होगा—जब तक यह सिंचाई करती है, तब तक इसको इस ओट में ही खड़ा रहकर देखता हूं।

[ऐसा ही करता है।]

शकुन्तला : सखि अनसूया ! इस प्रियंवदा ने मेरा यह वल्कल इतना कसकर बांध दिया है कि इससे मुझे काम करने में कठिनाई हो रही है। तुम आकर जरा इसको ढीला तो कर दो।

अनसूया : अच्छा।

[वल्कल ढीला करती है।]

प्रियंवदा : *(हंसते हुए)* मुझे क्यों उलाहना देती हो, अपने उस यौवन को उलाहना क्यों नहीं देतीं जो तुम्हारे स्तनों को इस प्रकार बढ़ाता चला जा रहा है।

राजा : इसका यह कोमल शरीर यद्यपि वल्कल धारण करने योग्य नहीं है फिर भी इसके शरीर को ये अलंकारों के समान ही सुशोभित कर रहे हैं। क्योंकि···

[रथ के कुछ आगे बढ़ जाने पर कहीं हम लोगों के आ जाने से तपोवन निवासियों को कष्ट न हो, इसलिए हमको रथ यहीं रोक लेना चाहिए। मैं यहीं उतर जाता हूं। यहां से पैदल चलना ठीक होगा।]

[सारथी रथ रोकता है।]

सारथी : लीजिए मैंने रास खींच ली है। रथ रुकने पर आयुष्मान उतर जायें।

[राजा रथ से उतरता है।]

राजा : सारथी ! आश्रम में तो साधारण जन के वेश में ही जाना उचित होता है। मुझे अपने आभूषण आदि यहीं उतार देने चाहिए। *[राजा अपने आभूषण आदि उतारकर धनुष बाण भी सारथी को पकड़ा देता है।]*

राजा : देखो सारथी ! जब तक मैं आश्रमवासियों से मिलकर लौटता हूं तब तक आप भी घोड़ों को खोलकर उनको विश्राम करने दो।

सारथी : जी, अच्छा।

[राजा का आश्रम की ओर प्रस्थान]

राजा : *(आगे बढ़कर स्वयं ही)* यह तो आश्रम का द्वार जान पड़ता है। इसी से भीतर प्रविष्ट होता हूं।

[राजा द्वार से प्रविष्ट होता है। उसे अच्छे शकुन दिखाई देते हैं।]

सारथी : *(उन शुभ शकुनों को देखकर मन-ही-मन)* इस शान्त तपोवन की भूमि में मेरी दाहिनी भुजा क्यों फड़क रही है? यहां इस आश्रम में भला मुझ राजा को क्या मिलने वाला है ? पर कहा तो यही जाता है कि जो होनी होती है, वह तो कहीं पर भी हो सकती है। उसके द्वार कहीं भी अवरुद्ध नहीं होते सब कहीं वह हो सकती है।

[नेपथ्य में]

सखियो ! इधर आओ, इधर आओ।

[राजा ध्यान से सुनता है।]

राजा : *(स्वयं ही)* फुलवारी के दाहिने ओर किसी की बातचीत जैसी सुनाई पड़ती है। इधर ही चलना चाहिए। *(घूमकर देखता हुआ)* आ हा ! ये तपस्वियों की कन्यायें अपने अनुरूप घड़े लेकर छोटे-छोटे पादपों

को पानी देने के लिए इधर ही आ रही हैं। *(ध्यान से देखकर)* ओ हो। इनका दर्शन तो बड़ा ही मधुर है।
क्योंकि–
जिस प्रकार कमल सेवार से घिरा होने पर भी वह सुन्दर ही लगता है और चन्द्रमा में लगा हुआ कलंक भी उसकी शोभा ही बढ़ाता है, उसी प्रकार वल्कल धारण करके यह सुन्दरी भी बहुत ही सुन्दर दिखलाई पड़ रही है। वास्तव में सुन्दर शरीर पर कुछ शोभा देता है।

शकुन्तला : *(सामने देखकर)* देखो यह केसर का वृक्ष पवन के झोंकों से हिलती हुई अपनी पत्ती रूपी अंगुलियों से मुझे बुला रहा है। चलो, उसके पास चलकर उसका भी मन रख देती हूं।

[ऐसा कहकर उधर घूमती है।]

प्रियंवदा : अरी शकुन्तला ! क्षण भर वहीं तो खड़ी रह जा। जब तू इस पेड़ से लगकर खड़ी होती है उस समय यह केसर का वृक्ष ऐसा लगता है जैसे कि कोई लता उससे लिपटी हुई हो।

शकुन्तला : जब तू ऐसी बात करती है तभी तो तेरा नाम प्रियंवदा पड़ गया है।

राजा : *(मन-ही-मन)* प्रियंवदा ने अपनी सखी शकुन्तला से बड़ी ही प्रिय और सच्ची बात कही हैं।
वास्तव में–
इसके लाल-लाल होंठ ऐसे लगते हैं मानो लता की कोंपलें हों। दोनों भुजाएं कोमल शाखाएं जैसी जान पड़ती हैं। और इसके अंगों में जो नया यौवन खिला हुआ है वह तो इस प्रकार लुभाता है कि जिस प्रकार सुन्दर पुष्प।

अनसूया : शकुन्तला ! यह वही नई चमेली है न, जिसने आम के वृक्ष से स्वयंवर कर लिया है। तूने इसका नाम 'वन ज्योत्स्ना' रख दिया था। इसे तो भूली ही जा रही हो?

शकुन्लता : वाह ! ऐसा कैसे हो सकता है ! जिस दिन मैं इसको भूलूंगी उस दिन स्वयं को ही नहीं भूल जाऊंगी ?

[लता के पास जाकर उसको देखती है।]

सखी ! सचमुच इस लता और वृक्ष का मेल बड़े अच्छे दिनों में हुआ है। इधर यह 'वन ज्योत्स्ना' खिले हुए फूल लेकर नवयौवना हुई है और उधर फल से लदी हुई शाखाओं वाला वह आम्रवृक्ष भी अपने पूर्ण यौवन पर है।

[उसे देखती हुई खड़ी रह जाती है।]

प्रियंवदा : *(मुस्कुराकर)* अनसूया ! तुम जानती हो कि यह शकुन्तला इस वन ज्योत्स्ना को इतनी तन्मयता से क्यों देख रही है ?

अनसूया : नहीं सखी ! मैं तो नहीं जानती। तू ही बता दे, यह इतनी तन्मय क्यों हो रही है।

प्रियंवदा : यह सोच रही है कि जिस प्रकार यह वन ज्योत्सना अपने योग्य वृक्ष से लिपट गई है उसी प्रकार मुझे भी मेरे योग्य वर मिल जाता तो कितना अच्छा होता।

शकुन्तला : यह तो तुमने अपने मन की बात कही है।

[घड़े के जल से पेड़ को सींचती है।]

राजा : यह ऋषि की कन्या कहीं किसी अन्य वर्ण की स्त्री से तो उत्पन्न नहीं हुई है? किन्तु संदेह किया ही क्यों जाय ?
क्योंकि–
जब मेरे जैसा शुद्ध मन भी इसकी अभिलाषा करने लगा है, तब यह निश्चय है कि इस कन्या का विवाह क्षत्रिय से हो सकता है। क्योंकि सज्ञनों के मन में किसी बात पर शंका हो तो जिसे उनका मन स्वीकार कर ले उसे ही ठीक मान लेना चाहिए।
जो भी हो, मैं इससे ठीक-ठीक बात जानने का यत्न करता हूं।

शकुन्लता : *(घबराकर)* अपने शरीर पर जल के छींटे पड़ने से घबराकर उड़ने वाला यह भौंरा, इस चमेली को छोड़कर बार-बार मेरे ही मुंह पर मंडराने लगा है।

[भौंरे से पीड़ित होने का नाटक-सा करती है।]

राजा : *(ललचाता हुआ-सा)* सोचता है–
अरे भौंरे ! तुम सचमुच बड़े भाग्यशाली हो जो तुम इसकी चंचल चितवन से देखे जाते हुए इस कांपती हुई बाला को बार-बार छूते जा रहे हो, उसके कानों के पास जाकर ऐसे धीरे-धीरे गुनगुना रहे हो, मानों बड़े भेद की बात उसको सुनाना चाहते हो। और बार-बार उसके हाथों से झटके जाने पर भी तुम उसके रस भरे अधरों का रस पीते जा रहे हो। इधर हम हैं कि उसके विषय में ठीक बात जानने की द्विविधा में ही लुट गए हैं।

शकुन्तला : अरे, यह दुष्ट तो मानता ही नहीं है। यहां से हटकर दूसरे स्थान पर जाना चाहिए।

[दूसरे स्थान पर जाकर और दृष्टि फेरकर]

अरे, क्या यहां भी आ पहुंचा ? अब क्या करूं ?
अरी सखियो ! बचाओ, बचाओ, मुझे इस दुष्ट भौंरे से बचाओ। इसने तो मुझे बड़ा परेशान कर दिया है।

दोनों : *(मुस्कुराकर)* हम कौन होती हैं बचाने वाली ? और तुम राजा दुष्यन्त को क्यों नहीं पुकारतीं ? तपोवन की रक्षा करना तो राजा का काम है।

राजा : *(अपना परिचय देने का यह अच्छा अवसर है।)* डरो मत, डरो मत–

[इतनी आधी-सी बात कहकर फिर मन-ही-मन कहता है।]

किन्तु इससे तो ये समझ जाएंगी कि मैं राजा हूं।
अच्छा, तो फिर मैं इस प्रकार कहता हूं।

शकुन्तला : *(थोड़ी दूर जाकर फिर पीछे को मुड़कर देखती है।)* अब क्या करूं, यह तो यहां भी मेरा पीछा नहीं छोड़ रहा है।

राजा : *(झट से प्रकट होकर।)* ओह !
जब तक दुष्टों को दण्ड देने वाला पुरु के वंश में उत्पन्न इस पृथ्वी पर राज्य कर रहा है, तब तक कौन ऐसा है जो इन सुकोमल तपस्वी कन्याओं से अनाचार करे ?

[राजा को देखकर तीनों सकपका जाती हैं।]

अनसूया : आर्य ! कोई ऐसी बड़ी विपत्ति नहीं है। हमारी इस प्रिय सखी को भौंरे ने तंग किया हुआ है। इस कारण यह कुछ घबरा-सी गई थी।

[यह कहकर शकुन्तला की ओर संकेत करती है।]

राजा : *(शकुन्तला के सामने जाकर)* आपकी तपस्या तो सफल हो रही है न ?

[शकुन्तला मुख नीचा कर मौन रहती है।]

अनसूया : इस समय अतिथि विशेष के आ जाने से तपस्या सफल ही समझिए। *(शकुन्तला से कहती है।)* शकुन्तला ! जाओ, कुटी में जाकर कुछ फल-फूल के साथ अर्घ्य ले आओ। चरण धोने के लिए जल तो यहीं प्राप्त है।

राजा : मेरा अतिथि-सत्कार तो आपकी मीठी-मीठी बातों से ही हो गया है।

प्रियंवदा : आर्य ! तो चलिए, घनी छाया वाले सप्तवर्णी वन के तले जो शीतल

चबूतरा है, वहां चलकर बैठिए। वहीं विश्राम करिए।

राजा : आप भी तो सब काम करते-करते थक गई होंगी।

प्रियंवदा : शकुन्तला ! अब हमें अतिथि की बात तो रखनी ही होगी आओ, यहां बैठकर विश्राम करें।

[इस प्रकार सब बैठ जाती हैं।]

शकुन्तला : *(मन-ही-मन)* इस व्यक्ति को देखकर न जाने मेरे मन में क्यों एक प्रकार की उथल-पुथल-सी हो रही है। यह तो तपोवन वासियों के मन में नहीं होना चाहिए।

राजा : *(सबको देखकर)* आप लोग सब एक ही अवस्था वाली और एक समान रमणीय रूप वाली हैं। आप लोगों का परस्पर प्रेम बड़ा ही मनोहारी लगता है।

प्रियंवदा : *(धीरे-से)* अनसूया ! यह चतुर और गम्भीर-सा दिखाई देने वाला व्यक्ति तो बड़ा प्रिय बोलने वाला है। यह संभवतया कोई प्रभावशाली पुरुष ही है।

अनसूया : *(प्रियंवदा से धीरे से)* सखी ! मुझे भी जानने की बड़ी उत्कंठा है। चलो इन्हीं से पूछें।

[प्रकट में]

आर्य, आपकी मीठी बातों से हमारा आपमें जो विश्वास उत्पन्न हो गया है वह हमें आपसे यह पूछने को विवश कर रहा है कि आर्य ने किस राजवंश को सुशोभित किया है? किस देश की प्रजा को अपने विरह से व्याकुल करके आर्य यहां पधारे हैं और ऐसा कौन-सा काम आ पड़ा है, जिसने आपके इस सुकुमार शरीर को इस तपोवन तक लाने का कष्ट दिया है ?

शकुन्तला : *(मन-ही-मन)* अरे हृदय ! इतना उतावला मत बन। अनसूया तुम्हारे ही मन की बात तो पूछ रही है।

राजा : *(मन-ही-मन)* अब अपना क्या परिचय दूं और कैसे अपने को छिपाऊं। अच्छा इनसे कहता हूं। *(प्रकट में)* भद्रे ! पुरुराज दुष्यन्त ने मुझे अपने राज्य की धार्मिक क्रियाओं की देखभाल का काम सौंप रखा है। इसलिए मैं यह देखने के लिए आया हूं कि आश्रम में रहने वाले तपस्वियों के कार्य में किसी प्रकार का कोई विघ्न तो नहीं पड़ता ?

अनसूया : आर्य ! धर्मक्रिया करने वाले लोगों पर आपने बड़ी कृपा की है।

[शकुन्तला संवरती हुई लज्ञा का अभिनय करती हू।]

दोनों : *(शकुन्तला और दुष्यन्त के मन की बात ताड़कर धीरे से)* शकुन्तला ! यदि आज पिताजी घर होते...

शकुन्तला : तो क्या होता ?

दोनों : इन अतिथि विशेष को अपने जीवन का सर्वस्व देकर भी इन्हें निहाल कर देते।

शकुन्तला : चलो हटो, तुम दोनों ! तुम्हारे मन में न जाने क्या-का-क्या आता है, वही तुम सब बोल देती हो। अब तो मैं तुम्हारी बात सुनूंगी ही नहीं।

राजा : *(दोनों सखियों से)* हम भी आपकी सखी के विषय में कुछ पूछने की इच्छा करते हैं।

सखियां : आर्य ! आपका यह पूछना तो हम पर आपका अनुग्रह ही है। पूछिए, आप क्या पूछना चाहते हैं?

राजा : सारा संसार तो अब तक यही जानता आया है कि भगवान कण्व जन्म से ही ब्रह्मचारी हैं, तो फिर आपकी ये सखी उनकी आत्मजा किस प्रकार हो गई ?

अनसूया : सुनिए आर्य ! मैं बताती हूं। कौशिक नामक गोत्र के कोई बहुत बड़े राजर्षि हुए हैं।

राजा : हां, हैं। हमने सुना हुआ है।

अनसूया : तो समझिए कि वे ही हमारी सखी के पिता हैं। इसकी माता ने इसे छोड़ दिया था। महर्षि कण्व ने इसको पाल-पोसकर बड़ा किया है, इसलिए वे इसके पिता कहलाते हैं।

राजा : माता के छोड़ देने की बात सुनकर तो मेरा कौतूहल और भी बढ़ता जा रहा है। मैं इनकी पूरी कथा सुनने की इच्छा करता हूं।

अनसूया : आर्य ! सुनिए। बहुत दिनों की बात है कि गोमती नदी के तट पर बैठे हुए राजर्षि कौशिक घोर तपस्या में लीन थे। ऐसा सुना जाता है कि देवताओं ने उनके तप से जलकर ईर्ष्या वश, उनको डिगाने के लिए मेनका नाम की एक अप्सरा उनके पास भेजी।

राजा : हां, यह भी मैंने सुन रखा है। अन्यों की तपस्या को देखकर देवता लोग भयभीत होते ही हैं।

अनसूया : तो वसन्त ऋतु में उसका उन्माद भरा यौवन देखकर...

[आधा कहकर लजा जाती है।]

राजा : अब आगे कहने की आवश्यकता नहीं है, यह तो सहज ही अनुमान लगाया जा सकता है। आपकी यह सखी तो सचमुच अप्सरा की ही कन्या है।

अनसूया : और नहीं तो क्या।

राजा : ठीक भी है–
अन्यथा मनुष्यों में ऐसा रूप कहां देखने को मिलता है। चंचल चमकवाली दामिनी धरती तल से कभी नहीं निकल सकती।

[शकुन्तला सिर झुका लेती है।]

राजा : *(मन-ही-मन)* चलो, मेरे मनोरथ को कुछ आश्रय तो मिला किन्तु इसकी सखी प्रियंवदा नें मनोविनोद में कुछ इसके वर मिलने की-सी बात की थी। इससे मन में सन्देह होता है कि कहीं इसका सम्बन्ध बन तो नहीं गया है !

प्रियंवदा : *(मुस्कुराती है और पहले शकुन्तला की ओर और फिर राजा की ओर देखती है। फिर कहती है)* आर्य ! क्या कुछ और भी पूछने की इच्छा करते हैं ?

[शकुन्तला उसे अंगुली से तरजती है।]

राजा : आपने तो हमारे मन की बात जान ली है। इनकी सुन्दर कथा सुनने के लोभ से हम कुछ और भी पूछने की इच्छा करते हैं।

प्रियंवदा : फिर सोच किस बात का ? तपस्वियों से तो आप बिना किसी झिझक के कुछ भी पूछ सकते हैं।

राजा : आपकी सखी के सम्बन्ध में हम जानना चाहते हैं कि–
इन्होंने कामदेव की गति को रोकने वाला यह जो तपस्वियों का-सा बाना धारण किया हुआ है, यह विवाह होने से पूर्व तक ही रहेगा, अथवा कि ये अपना सारा जीवन, इन मदभरी आंखों के कारण भारी लगने वाली इन हरिणियों के मध्य में रहकर यों ही बिता देने वाली हैं ?

प्रियंवदा : आर्य ! यह बेचारी तो धर्म के कार्य में भी परवश है, उन्हें भी अपने मन से नहीं कर सकती। फिर भी हमारे गुरुजी ने संकल्प किया हुआ है कि यदि इसके योग्य वर मिल गया तो वे इसका विवाह कर देंगे।

राजा : *(मन-ही-मन)* यह प्रार्थना पूरी न होना तो कठिन नहीं है–
हृदय तू आशा न छोड़। अब सन्देह का तो निराकरण हो गया है। जिसको तू अग्नि समान समझकर स्पर्श करने से डरता था, वह तो स्पर्श करने योग्य रत्न निकल आया है।

शकुन्तला : *(कुछ रोष प्रकट करती हुई)* मैं तो जा रही हूं।

अनसूया : क्यों ? किसलिए चली जा रही है ?

शकुन्तला : इस प्रियंवदा की इस प्रकार अनाप-शनाप बोलने की बात आर्या

गौतमी से कहना चाहती हूं।

अनसूया : सखि ! ऐसे विशिष्ट अतिथि का आदर-सत्कार किये बिना तुम्हारा इस प्रकार चला जाना उचित नहीं है।

[इसका कुछ उत्तर दिये बिना शकुन्तला जाने के लिए उद्यत होती है।]

राजा : (मन-ही-मन) अरे, जाती क्यों हो ? *(राजा उसे रोकने के उद्देश्य से उठता है किन्तु फिर स्वयं को रोक लेता है। कहता है–)* मैं इस मुनि कन्या के पीछे-पीछे जा रहा था किन्तु लज्ञा के कारण सहसा रुक गया हूं। यद्यपि मैं अपने स्थान से हिला तक नहीं हूं फिर भी मुझे ऐसा लग रहा है कि मानो मैं कुछ दूर चलकर फिर लौट आया हूं।

प्रियंवदा : *(शकुन्तला को रोक कर)* सखि ! तुम्हारा इस प्रकार चल देना तो ठीक नहीं है।

शकुन्तला : *(भौंह चढ़ाती हुई)* क्यों, ठीक क्यों नहीं है ?

प्रियंवदा : क्योंकि तुम अभी-अभी मुझसे बाजी हार चुकी हो, उसके लिए तुम्हें अभी दो वृक्ष और सींचने शेष हैं। पहले अपना ऋण चुका लो फिर चली जाना, उससे पहले नहीं।

राजा : (प्रियंवदा से) भद्रे ! पौधों को सींचने से ही तो आपकी सखी थकी हुई-सी दिखाई दे रही हैं।
क्योंकि–
घड़े उठाते-उठाते इनके कन्धे ढीले पड़ गये हैं, हथेलियां लाल हो गई हैं, बार-बार उठते हुए इनके स्तन बता रहे हैं कि थकान से इनकी सांस फूल गई है। कानों में पहने हुए सिरस के फूल भी हिल नहीं रहे हैं, क्योंकि पसीने की बूंदों से उनकी पंखुड़ियां गालों पर चिपक गई हैं। जुड़े के खुल जाने से यह अपनी बिखरी हुई लटें भी किसी प्रकार बड़ी कठिनाई से अपने एक हाथ से सम्हाल पा रही हैं।
अब इनसे ऋण चुका पाना कठिन है, लीजिए इनका ऋण मैं चुका देता हूं।

[राजा अपनी अंगूठी देना चाहता है।]

[अंगूठी पर दुष्यन्त का नाम पढ़कर दोनों सखियां एक-दूसरे को देखने लगती हैं।]

राजा : आप मुझे कोई और न समझ बैठिएगा। वास्तव में यह अंगूठी

तो मुझे महाराज से पुरस्कार में प्राप्त हुई है। आप मुझे राजपुरुष ही समझिए, कोई अन्य नहीं।

प्रियंवदा : तब तो इस अंगूठी को आपको अपनी उगुंली से अलग नहीं करना चाहिए। आपने ऋण चुकाने की बात कह दी, बस इतने मात्र से हमारी सखी का ऋण चुकता हो गया समझिए। शकुन्तला इनकी या यों कहो, कि महाराज की कृपा से तुम ऋण से मुक्त हो गई हो, अब तुम जाना चाहो तो जा सकती हो।

शकुन्तला : *(मन-ही-मन)* मेरा अपना मन अपने हाथ में हो तब तो जाऊं। *(प्रकट)* मुझे जाने देने वाली अथवा रोकने वाली तुम कौन होती हो ?

राजा : *(शकुन्तला को देखकर मन-ही-मन)* कहीं, यह भी तो हम पर वैसे ही नहीं रीझ गई, जैसे हम इस पर रीझे हैं। या फिर जान पड़ता है कि हमारे मनोरथों के फलने के दिन आ गये हैं। क्योंकि–

यद्यपि यह स्वयं मुझसे बातचीत नहीं करती, फिर भी जब मैं बोलने लगता हूं तो उस समय कान लगाकर मेरी बातें सुनने लगती है। और यद्यपि यह मेरे सामने मुंह करके नहीं बैठती, फिर भी इसकी आंखें मुझ पर ही लगी रहती हैं।

[नेपथ्य में]

हे तपस्वियो ! आकर तपोवन के प्राणियों को बचाओ। आखेट का प्रेमी राजा दुष्यन्त पास ही आ पहुंचा है। उसके घोड़ों की टापों से उड़ी हुई और सांझ की ललाई के समान लाल-लाल धूल टिड्डी दल के समान उड़कर आश्रम के उन वृक्षों पर फैली पड़ रही है जिनकी शाखाओं पर गीले वल्कल के वस्त्र फैलाये हुए हैं।

और देखो–

राजा के रथ से डरा हुआ यह वन्य हाथी हमारी तपस्या के लिए साक्षात् विघ्न बना हुआ हरिणों के झुण्ड को तितर-बितर करता हुआ इस तपोवन में घुसा चला आ रहा है। इसने अपने तीव्र आघात से एक वृक्ष को ही उखाड़ लिया है और उसकी शाखा में उसका एक दांत फंस गया है। उस वृक्ष की टूटी हुई लताएं भी फन्दे के समान उसके पैरों में उलझ गई हैं।

[सभी यह सुनकर घबरा-सी जाती हैं।]

राजा : *(मन-ही-मन)* अरे, धिक्कार है मेरे सैनिकों को। ऐसा लगता है

कि हमें ढूंढ़ने के लिए ये सैनिक तपोवन को ही रौंदे दे रहे हैं।

[तब तो हमें उधर ही चलना चाहिए।]

दोनों : आर्य ! इस वन्य हाथी की बात सुनकर हम लोग डर गई हैं। अब हमें कुटी में जाने की आज्ञा दीजिए।

राजा : *(शीघ्रता से)* हां, हां, आप लोग चलिए। मैं भी प्रयत्न करता हूं कि तपोवन में किसी प्रकार का विघ्न न हो।

दोनों : आर्य ! हम लोगों ने आपका कुछ भी सत्कार नहीं किया, इस लिए *(तीनों उठती हैं।)* आर्य से यह कहते हुए बड़ा संकोच हो रहा है कि हमें फिर भी दर्शन देकर कृतार्थ करें।

राजा : नहीं, नहीं, ऐसा न कहिए। आप लोगों के दर्शन मात्र से ही हमारा सत्कार हो गया है।

[शकुन्तला राजा को देखती हुई कुशा चुभने और शाखा में उलझने का बहाना-सा करती हुई थोड़ा रुकती है और फिर सखियों कि साथ चली जाती है।]

राजा : नगर में जाने का सारा उत्साह ठण्डा पड़ गया है। इसलिए आश्रम के पास ही सैनिकों के साथ डेरा डाले देता हूं। ऐसा लगता है कि शकुन्तला के इस प्रेम-व्यवहार से मैं छुटकारा नहीं पा सकूंगा। क्योंकि–
जैसे पवन के सामने झण्डा लेकर चलने पर उसकी रेशमी झण्डी पीछे को ही फहराती है, वैसे ही ज्यों-ज्यों मेरा शरीर आगे बढ़ता है, त्यों-त्यों मेरा चंचल मन पीछे को दौड़ता जाता है।

[सबका प्रस्थान]

द्वितीय अंक

[उदास मन से विदूषक का प्रवेश]

विदूषक : *(लम्बी सांस भरता हुआ।)* बस देख लिया। इस मृगयाप्रिय राजा की मित्रता से तो मेरा जी घबराने लगा है। भरी दुपहरी में जबकि विश्राम करने का समय होता है, इसके साथ रहने पर एक वन-से-दूसरे वन में भटकते हुए ऐसे जंगली प्रदेशों से चलना पड़ता है जहां गर्मी के कारण पेड़ों में पत्ते भी नहीं रहे, इसलिए कहीं आराम के लिए छाया भी नहीं मिलती।

उसके ऊपर से दिन-रात यही हल्ला कान फाड़े डालता है— देखो, यह मृग आया, वह सूअर निकल गया, वह देखो, वह रहा सिंह।

फिर सड़े हुए पत्तों से मिले हुए जल वाली नदियों का कसैला और कड़वा पानी पीना पड़ता है। अबेर-सबेर लोहे की सीखों पर भुना हुआ मांस खाने को मिलता है। घोड़ों के पीछे दौड़ते-दौड़ते शरीर के जोड़-जोड़ ऐसे ढीले पड़ गये हैं कि रात में ठीक प्रकार से नींद भी नहीं आती। उस पर ये दासी पुत्र, चिड़ीमार सवेरे-सवेरे चलो वन को, चलो वन को, चिल्ला-चिल्लाकर ऐसा हल्ला मचाते हैं कि आई-अवाई नींद उचट जाती है।

अभी वह विपत्ति टली नहीं थी कि उधर फोड़े के ऊपर फुंसी के समान दूसरी विपत्ति आ धमकी है। सुनते हैं कि हम लोगों का साथ छूट जाने पर मृग का पीछा करते-करते राजा भी तपस्वियों के आश्रम में जा पहुंचे। और मेरे दुर्भाग्य से वहां उनको मुनि कन्या शकुन्तला दिखाई दे गई। अब किसी भी प्रकार उनका मन नगर को लौटने के लिए करता ही नहीं है। आज भी रातभर उसी की चिन्ता में जागते हुए उनकी आंखों ने सवेरा कर दिया। क्या करूं ? चलूं, वे नित्य कर्म कर चुके हों तो उनसे दो बातें करूं।

(घूमकर और देखकर) अरे, मेरे मित्र तो इधर ही चले आ रहे हैं और उनके साथ ही हाथ में धनुष बाण लिये और गले में जंगली फूलों की मालाएं डाले हुए बहुत-सी यवनी सेविकायें भी चली आ रही हैं।

अच्छी बात है, मैं भी अंग-भंग विकल की भांति लुंज-पुंज-सा होकर यहीं खड़ा रहता हूं। कदाचित् इस प्रकार ही कुछ विश्राम मिल जाय।

[लाठी टेक कर खड़ा हो जाता है।]

[जैसे विदूषक ने कहा था, उस प्रकार की सेविकाओं के साथ राजा का प्रवेश।]

राजा : यद्यपि प्यारी शकुन्तला का मिलना है तो बड़ा कठिन, पर उसकी भावाभिव्यक्ति से मन को आश्वासन-सा मिल ही रहा है। हम दोनों का मिलन भले ही न होने पाये, किन्तु इतना सन्तोष तो है कि मिलने का चाव दोनों ओर एक समान है।

(मुस्कुराकर) जो प्रेमी अपनी प्रियतमा के मन को अपने मन से परखता है, वह इसी प्रकार धोखा खाता है।

और देखो—

जब वह बड़े प्यार से किसी अन्य की ओर भी आंखें घुमाती थी तब मैं यही समझता था कि उसने अपनी प्रिय चितवन मेरी ओर ही डाली है। नितम्बों के भारी होने के कारण जब वह मन्द-मन्द चलती थी तब मैं समझता था कि वह मुझे ही अपनी चटक-मटक भरी चाल दिखा रही है।

जब उसको सखियों ने उस समय जाने से किसी बहाने से रोका, उस समय वह अपनी सखियों पर जिस प्रकार से क्रुद्ध-सी हुई, तब भी मैंने यही समझा कि यह सब मेरे प्रति प्रेम के कारण ही हो रहा है।

अहो ! कामी पुरुष को सब बातें अपने ही मन की दिखाई पड़ती हैं।

विदूषक : *(उसी लुंज-पुंज मुद्रा में खड़ा हुआ)* मेरे हाथ-पैर तो खुल नहीं रहे हैं, इसलिए मैं केवल मुख से आपकी जय-जयकार करता हूं।

[आपकी जय हो, जय हो।]

राजा : तुम्हारा यह अंग-भंग किस प्रकार हो गया ?

विदूषक : कैसे क्या ? स्वयं आंखों में उंगुली डालकर पूछ रहे हैं कि यह आंसू किस प्रकार निकल पड़े ?

राजा : तुम क्या कह रहे हो, मैं कुछ भी समझ नहीं पा रहा हूं। साफ-साफ बताओ न क्या बात है ?

विदूषक : हे मेरे मित्र ! अच्छा अब आप यह तो बताइए कि नदी में जो बेंत की लता कुबड़ी-सी बनी रहती है, वह अपने मन से वैसी रहती है या कि नदी के वेग के कारण उसको वैसा बनना पड़ता है ?

राजा : उसको तो नदी के वेग के कारण ही वैसे बनना पड़ जाता है।

विदूषक : तो फिर मेरे इस अंग-भंग का कारण भी आप ही हैं।

राजा : वह कैसे ?

विदूषक : आप तो सब राज्य कार्य छोड़कर इस बीहड़ वन में वन्य प्राणियों के समान घूम रहे हैं, यहां जंगली जन्तुओं का पीछा करते-करते मेरे अंगों के जोड़ ऐसे टूट गए हैं कि हिला भी नहीं जा रहा है। अब आप कृपा करके कम-से-कम मुझे तो एक दिन के लिए विश्राम करने की आज्ञा दे ही दीजिए।

राजा : *(मन-ही-मन)* इधर यह भी विश्राम की बात कर रहा है और उधर महर्षि कण्व की कन्या का ध्यान करते-करते मेरा मन भी आखेट से ऊब-सा गया है।

क्योंकि—

जिन हरिणों ने शकुन्तला के साथ रहकर उसे भोली चितवन करना सिखाया है, उन्हें मारने के लिए मुझसे तो इस धनुष पर बाण ही नहीं चढ़ाया जाता। बाण चढ़ा भी लूं तो उसे खींचना मेरे लिए कठिन हो जाता है।

विदूषक : *(राजा का मुंह देखकर)* आप तो न जाने मन-ही-मन क्या बड़बड़ा रहे हैं। मैंने जो इतना आपसे कहा, वह सब क्या मैं जंगल से ही रोता रहा ?

राजा : *(मुस्कुराकर)* नहीं, नहीं, ऐसी बात नहीं है। तुम्हारी बात मैंने ध्यान से सुनी है। मैं भी यही सोच रहा था कि मित्र की बात को टालना नहीं चाहिए। मैं इसीलिए चुप-सा हो गया था।

विदूषक : जुग-जुग जियो। *(यह कहकर जाने लगता है।)*

राजा : मित्र ! जरा ठहरो। अभी मेरी बात पूरी नहीं हुई है।

विदूषक : महाराज ! आज्ञा कीजिए। क्या कह रहे हैं।

राजा : जब विश्राम कर लेना तो मेरे पास चले आना। मुझे एक काम में तुम्हारी सहायता की आवश्यकता है। निश्चिन्त रहो, उस काम में तुम्हें कहीं आना-जाना नहीं पड़ेगा।

विदूषक : तो क्या लड्डू खाने हैं। तब तो उसके लिए इससे बढ़कर और कौन-सा अवसर उचित हो सकता है ?

राजा : ठहरो, अभी बताता हूं। *(आवाज देता है)* अरे, कोई है यहां ?

दौवारिक : *(आकर प्रणाम करके)* स्वामी ! आज्ञा कीजिए।

राजा : खेतक ! तुम जरा सेनापति को तो बुलाकर लाओ।

दौवारिक : जो आज्ञा महाराज ! *(दौवारिक बाहर चला जाता है और फिर सेनापति को साथ लेकर वापस आता है। वह सेनापति को कहता है)* देखिए, वह हमारे स्वामी इधर ही दृष्टि किये वहां पर बैठे हैं। वे कुछ आपको आज्ञा करने ही वाले हैं। आर्य ! आगे बढ़िए।

सेनापति : *(राजा को देखकर मन-ही-मन)* लोग आखेट को बहुत बुरा बताते हैं, किन्तु हमारे स्वामी को तो इसमें दिखाई देने वाले दोषों ने भी लाभ ही किया है।

क्योंकि–

पहाड़ों में घूमने वाले हाथी के समान इनके बलवान शरीर के आगे का भाग निरन्तर धनुष की डोरी खींचते रहने से ऐसा कड़ा हो गया है कि उस पर न तो धूप का ही प्रभाव पड़ता है और न पीसना ही छूटता है। बहुत दौड़-धूप से यद्यपि ये दुबले पड़ गये हैं पर पुट्ठों के पक्के होने के कारण इनका दुबलापन दिखाई नहीं पड़ता।

(पास जाकर) स्वामी की जय हो। हमने आखेट के पशुओं को वन में घेर लिया है। अब विलम्ब किसलिए ?

राजा : आखेट के निन्दक इस माढव्य ने तो मेरा सारा उत्साह ही ठण्डा कर दिया है।

सेनापति : *(विदूषक से अलग में)* अच्छा ! तो तुमने उनका मन फेर दिया है ? अच्छा मित्र ! तुम भी डटकर आखेट का विरोध करो और देखो मैं किस प्रकार अपने स्वामी का मन पलटता हूं। *(प्रकट)* महाराज ! इस मूर्ख को तो आप बकने दीजिए। स्वामी ! आप स्वयं ही देख रहे हैं कि आखेट से चर्बी घट जाती है, तोंद छंट जाती है, शरीर हलका और चुस्त हो जाता है। पशुओं के मुंह पर जो भय और क्रोध दिखाई देता है, उसका ज्ञान हो जाता है और चलते हुए लक्ष्यों पर बाण चलाने में हाथ सध जाते हैं, जो कि धनुषधारियों के लिए बड़े ही गौरव की बात है।

लोग तो मिथ्या ही आखेट को बुरा बताते हैं। अन्यथा मन बहलाव का इससे अच्छा और बड़ा साधन कहां मिलता है ?

विदूषक : अरे चल, चल यहां से, बड़ा आया उत्साह दिलाने वाला। देख नहीं

रहा है कि हमारे महाराज फिर मनुष्य बन गए हैं। तुझे इसी प्रकार इस वन से उस वन में भटक-भटककर आखेट करते हुए कभी-न-कभी मनुष्य की नाक के लोभी किसी बड़े भालू के मुंह में पड़ना ही है।

राजा : भद्र सेनापति ! देखो, हम लोग इस समय तपोवन के पास ठहरे हुए हैं। इसलिए इस समय तुम्हारी यह आखेट के लिए जाने वाली बात मुझे कुछ जंचती नहीं है।

आज तो–

भैंसों को छोड़ दो, जिससे कि वे अपने सींगों से पानी को हिलोरते हुए तालाबों में तैरें। हरिणों के झुण्ड पेड़ों की छाया में घेरा बनाकर बैठे जुगाली करें। बड़े-बड़े सूअर निडर होकर छिछले तालाबों में नागरमोथे की जड़ें खोदें और मेरे धनुष की ढीली डोरी भी कुछ देर विश्राम कर ले।

सेनापति : महाराज जैसा उचित समझें।

राजा : जिन हांका लगाने वालों को आगे भेज दिया है उन्हें वापस आने के लिए कह दो और अपने सभी सैनिकों को भली प्रकार समझा दो कि वे कोई ऐसा काम न कर बैठें जिससे कि तपोवन के कार्य में किसी प्रकार की बाधा उपस्थित हो जाये।

देखो–

सूर्यकान्तमणि यों तो छूने में ठंडी लगती है पर जब सूर्य उस पर अपना प्रकाश डालता है तब वह भी आग उगलने लगती है। उसी प्रकार ऋषि लोग यद्यपि बड़े शान्त होते हैं पर उनमें इतना तेज भी होता है कि यदि कोई उन्हें कष्ट दे तो उसे जलाकर भस्म कर देते हैं।

सेनापति : जैसी स्वामी की आज्ञा हो। मैं हांका लगाने वालों को वापस बुलवा लेता हूं।

विदूषक : तुम्हारी इस प्रकार के उत्साह की बातों का नाश हो।

[सेनापति चला जाता है।]

राजा : *(अपने सेवकों की ओर देखकर)* अब तुम लोग भी अपने-अपने आखेट के वस्त्र उतार डालो।

[रैवतक को देखकर]

हां रैवतक ! जाओ, तुम भी अपना काम करो।

रैवतक : जैसी देव की आज्ञा।

[सब जाते हैं।]

विदूषक : आपने यह अच्छा ही किया जो यहां से सब मक्खियों को भगा दिया है। अब यहां से चलिए। चलकर वृक्षों की घनी छाया वाले लता मण्डप के नीचे सुन्दर आसन पर आप भी चलकर बैठिए। मैं भी कुछ थकान मिटाता हूं। शरीर सारा शिथिल हो रहा है।

राजा : चलो, तुम आगे-आगे चलो।

विदूषक : मैं चल रहा हूं, आप भी आइए।

[दोनों घूमकर बैठ जाते हैं।]

राजा : माढव्य ! यदि तुमने इस संसार में देखने योग्य वस्तुओं को न देखा तो फिर तुम्हारी इन आंखों का तुम्हें क्या लाभ है ?

विदूषक : आप तो सदा मेरी आंखों के आगे रहते ही हैं न ?

राजा : अपने आप को तो सभी सुन्दर ही समझते हैं। किन्तु मैं तो इस आश्रम की शोभा शकुन्तला के विषय में बात कर रहा हूं।

विदूषक : *(आप ही आप)* अच्छा, तो यह बात है। मैं इस बात को यहीं काटे देता हूं। *(प्रकट)* अच्छा मित्र ! ऐसा जान पड़ता है कि आप उस तापस कन्या पर मुग्ध हो गए हैं।

राजा : मित्र ! पुरुवंशियों का मन कुपथ की ओर तो बढ़ ही नहीं सकता। सुना है–

उसकी माता कोई अप्सरा थी। वह जब इसे जन्म देकर वन में ही इसको छोड़कर चली गई तो मुनि कण्व इसको उठाकर ले आये। यह तो ठीक उसी प्रकार हुआ मानो कि नवमल्लिका का फूल अपनी डाली से टूटकर मंदार पर आ गिरा हो।

विदूषक : *(हंसकर)* जिस प्रकार कोई मीठा छुहारा खाते-खाते ऊबकर इमली पर टूट पड़े उसी प्रकार आप भी रनिवास की एक-से-एक बढ़कर सुन्दरियों को भुलाकर इस पर लट्टू हो गए हैं।

राजा : तुमने अभी तक उसको एक बार भी नहीं देखा है, इसीलिए ऐसा कह रहे हो।

विदूषक : तो ठीक ही है ! जब आप ही उसको देखकर अपनी सुध-बुध खो बैठे हैं तो इसमें सन्देह नहीं कि वह वास्तव में रूपवती ही होनी चाहिए।

राजा : अब तुम्हें क्या बताऊं। तुम बस यही समझो कि–ब्रह्मा ने जब उसको बनाया होगा तब पहले उसका चित्र बनाकर उसका निर्माण किया होगा। या फिर अपने मन में संसार की सब सुन्दरियों की कल्पना करके उनके रूपों को एकत्रित कर उसने उसमें प्राण फूंके

होंगे। क्योंकि ब्रह्मा की कुशलता और शकुन्तला की सुन्दरता इन दोनों पर बार-बार विचार करने से यही विदित होता है कि यह कोई निराले ही ढंग की सुन्दरी उन्होंने निर्मित की है।

विदूषक : यदि ऐसी बात है, तब तो इसने सभी सुन्दरियों को परास्त कर दिया है।

राजा : उसके विषय में तो मेरे मन में यही आता है कि–उसका रूप वैसा ही पवित्र है जैसा कि बिना सूंघा हुआ पुष्प, नखों से अछूते पत्ते, बिना बिंधा हुआ रत्न, बिना चखा हुआ नया मधु और बिना भोगा हुआ पुण्यों का फल। किन्तु यह मैं नहीं समझ पा रहा हूं कि इस रूप का उपभोग करने के लिए ब्रह्मा ने किसको चुन रखा होगा।

विदूषक : यदि ऐसी बात है तो आप इसको चटपट हथिया लीजिए, जिससे कि यह हिंगोट के तेल से चिकनी खोपड़ी वाले किसी तपस्वी के हाथ न लग जाय।

राजा : लेकिन वह बेचारी तो परवश है, इसमें उसके वश की कोई बात नहीं है। और इस समय उसके पितातुल्य मुनि यहां नहीं हैं।

विदूषक : अच्छा ! तो फिर यह तो बताइए कि जब वह आपको देखती थी तो वह किस भाव से देखती थी ?

राजा : मित्र ! तपस्वी कन्यायें तो स्वभाव से ही बड़ी भोली-भोली होती हैं।

फिर भी–

जब मैं उसकी ओर मुख करता था तो वह अपनी आंखें चुरा लेती थी और किसी-न-किसी बहाने हंस भी देती थी। वह शील के कारण इतनी दबी हुई-सी लगती थी कि न तो वह अपने प्रेम को छिपा ही पा रही थी और न खुलकर प्रकट ही कर पा रही थी।

विदूषक : *(हंसकर)* तो क्या वह आपको देखते ही आपकी गोद में आकर बैठ जाती ?

राजा : तुम भी क्या बात करते हो ! सुनो, जब वह जाने लगी तो उस समय शिष्टता की रक्षा करते हुए भी उसने अपना प्रेम जता ही दिया।

क्योंकि–

कुछ दूर जाने पर वह सुन्दरी सहसा यह कहती हुई रुक गई कि– 'अरे ! मेरे पैर में तो दाम का कांटा चुभ गया है।' यद्यपि उसका वल्कल कहीं उलझा नहीं था, फिर भी धीरे-धीरे वल्कल सुलझाने का बहाना करके वह मेरी ओर देखती हुई कुछ देर तक वहां पर खड़ी रह गई थी।

विदूषक : तब तो आप अपना सब साज समान यहां पर ही मंगवा लीजिए। मैं देख रहा हूं कि इस तपोवन को आपने तो एक दम प्रमोदवन के रूप में ही समझ लिया है।

राजा : मित्र ! यहां के कुछ ऋषियों ने मुझको पहचान लिया है। अब सोच-विचारकर कोई ऐसा उपाय बताओ कि कम-से-कम एक बार तो किसी बहाने से आश्रम में जाने का अवसर सुलभ हो जाये।

विदूषक : वाह, आप तो राजा है, राजा के लिए किसी बहाने की आवश्यकता नहीं होती। आप तो सीधे जाकर कह सकते हैं कि आप राजा हैं और ऋषि लोग जो नीवारकण एकत्रित करते हैं राज-कर के रूप में उसका छठा भाग प्राप्त करने की अभिलाषा से आप इस वन में पधारे हैं।

राजा : माढव्य ! तुम तो निपट मूर्ख ही हो। मैं जाकर ऋषियों से कर-प्राप्ति की बात करूं ? अरे, इन ऋषियों की रक्षा के विनिमय में हमें ऐसा अनूंठा कर मिलता है कि उसके आगे तो रत्नों का ढेर भी तुच्छ है।

देखो–

बारों वर्णों से राजाओं को जो कर मिलता है उसका फल तो कालान्तर में नष्ट हो जाता है, परन्तु ये अरण्य में रहकर तप करने वाले ऋषि गण अपने तप का जो छठा भाग हमें कर रूप में प्रदान करते हैं वह तो सदा अमिट रहता है।

[नेपथ्य में]

[अहा, हम लोगों के सब काम पूर्ण हो गये हैं।]

राजा : *(कान लगाकर)* अरे, यह घोर और प्रशान्त स्वर तो तपस्वियों का ही हो सकता है।

दौवारिक : *(प्रवेश करके)* महाराज की जय हो। महाराज ! दो ऋषिकुमार द्वार पर विराजमान हैं।

राजा : तब तो उनको तुरन्त यहां ले आओ।

दौवारिक : अभी लाता हूं। *(यह कहकर बाहर चला जाता है। पुनः ऋषि कुमारों के साथ प्रविष्ट होकर)* आइए भगवन् ! इधर आइए।

[दोनों राजा को देखते हैं।]

प्रथम ऋषि० : अहो, ये तो इतने तेजस्वी हैं, इनको तो देखकर ही सहज विश्वसनीयता प्रकट होती है। इनको देखकर तो हमारे मन को बड़ा आश्वासन-सा मिल रहा है।

क्यों न हो–
ये राजा भी तो ऋषियों के समान ही रहते हैं। जैसे ऋषि लोग आश्रम में रहते हैं, वैसे ही ये भी अपना नगर छोड़कर हम सब को सुख देने के लिए इस आश्रम में आ गये हैं। इस प्रकार अपनी प्रजा की रक्षा में निरत रहकर ये भी तो एक प्रकार से तपस्या ही करते हैं। चारण लोग जो इनका विरुद गाते हैं वह तो स्वर्ग लोक तक भी सुनाई पड़ता है।

दूसरा ऋषि० : गौतम ! इन्द्र के मित्र राजा दुष्यन्त क्या यही हैं ?

प्रथम : और नहीं तो क्या।

दूसरा : इसीलिए–
हमें यह देखकर तनिक भी आश्चर्य नहीं है कि नीले समुद्र से घिरी सारी पृथ्वी पर ये नगर के द्वार की अर्गला के समान अपनी विशाल और सुपुष्ट भुजाओं से अकेले शासन करते हैं और दैत्य से वैर प्रकट करने वाली सुर युवतियां इन्हीं के चढ़े हुए धनुष और इन्द्र वज्र पर अपने विजय की आशा लगाये रहती हैं।

दोनों ऋषि०: *(राजा के समीप जाकर)* राजन् ! आपकी जय हो।

राजा : *(आसन से उठकर)* आप दोनों को मैं प्रणाम करता हूं।

दोनों : आपका कल्याण हो, *(आशीर्वाद देकर राजा को फल भेंट करते हैं।)*

राजा : *(प्रणाम करके फल लेकर)* आज्ञा कीजिए।

दोनों : सब आश्रमवासी यह जान गये हैं कि श्रीमान यहां निवास किये हुए हैं। उन्होंने आपसे प्रार्थना की है···

राजा : *(बीच में ही बात काटकर)* उनकी क्या आज्ञा है ?

दोनों : हमारे कुलपति आदरणीय महर्षि कण्व के आजकल आश्रम में न होने से राक्षसगण हमारे यज्ञ में बड़ा विघ्न डाल रहे हैं। अतः आपसे प्रार्थना है कि आप कुछ रात्रि अपने सारथी आदि के साथ इस आश्रम में रहकर इसको सनाथ करने की कृपा कीजिए।

राजा : मैं अनुगृहीत हुआ।

विदूषक : *(किसी को न सुनाता हुआ)* उनकी अभ्यर्थना तो इस समय आपके अनुकूल ही है। यही तो आप चाह रहे थे।

राजा : *(मुस्कुराकर)* रैवतक ! सारथी से मेरी ओर से कहो कि धनुष-बाण सहित रथ को इधर लेता आते।

दौवारिक : जैसी महाराज की आज्ञा।

[जाता है।]

दोनों ऋषि०: *(हर्ष व्यक्त करते हुए)* आप वही युक्तियुक्त कार्य कर रहे हैं जो आपके पूर्वज करते आये हैं। आश्रम की रक्षा करना तो आपका

धर्म ही है। यह बात सभी भली-भांति जानते हैं कि शरण में आये हुए को अभयदान देने में पुरुवंशी कभी पीछे नहीं हटते।

राजा : *(प्रणाम करके)* आप लोग आगे चलिए, मैं भी आप लोगों का अनुगमन करने वाला हूं।

दोनों : *(आशीर्वाद देते हुए)* आपकी विजय हो।

[दोनों जाते हैं।]

राजा : माढव्य ! क्या शकुन्तला के दर्शन करने की कुछ इच्छा है ?

माढव्य : पहले जब आपने कहा था तब तो इतनी तीव्र इच्छा थी कि मानो बाढ़ ही आ गई हो। किन्तु अब जब राक्षसों के उपद्रव की बात सुनी है तो वह इच्छा अब बूंद भर भी नहीं रह गई है।

राजा : अरे, डरते क्यों हो ? तुमको हम अपने समीप ही रखेंगे।

विदूषक : हां, तब तो राक्षसों से मैं सुरक्षित हो गया हूं।

[द्वारपाल का प्रवेश]

दौवारिक : महाराज ! रथ तैयार है। आपकी विजययात्रा के लिए चलने की प्रतीक्षा कर रहा है।

और हां, राजमाता की आज्ञा लेकर नगर से करभक भी आया है, महाराज !

राजा : *(माता के प्रति आदर व्यक्त करते हुए)* क्या महामाता जी ने करभक को भेजा है ?

दौवारिक : जी हां।

राजा : तब तो उसको अभी यहीं ले आओ।

[दौवारिक जाता है और करभक के साथ प्रविष्ट होता है।]

दौवारिक : *(करभक से)* ये बैठे हैं महाराज, आगे बढ़ो।

करभक : महाराज की जय हो। माताजी ने कहलाया है कि आज से चौथे दिन मेरे व्रत का पारायण होगा। उस अवसर पर उनके चिरंजीव को अवश्य वहां उपस्थित रहना चाहिए।

राजा : इधर तो तपस्वियों का कार्य और उधर गुरुजनों की आज्ञा। दोनों ही नहीं टाले जा सकते। क्या किया जाये ?

विदूषक : त्रिशंकु की भांति बीच में लटक जाओ।

राजा : सचमुच में ही मैं तो द्विविधा में फंस गया हूं–

दोनों कार्य दो विभिन्न स्थानों में आ पड़े हैं। इसलिए द्विविधा में मेरे मन की इस समय वही दशा हो रही है जो पहाड़ से रुकी हुई नदी की धारा की हो जाती है। *(कुछ सोचकर)* मित्र ! देखो,

माताजी तुम्हें भी पुत्र के समान ही मानती हैं। इसलिए तुम तो नगर को जाओ और माताजी को बता देना कि मैं इस समय ऋषियों की रक्षा में लगा हुआ हूं। वहां पुत्र के करने का जो भी कार्य हो, उसको तुम कर देना।

विदूषक : आप मुझे राक्षसों से डरने वाला मत समझिए।

राजा : *(मुस्कुराकर)* भला, तुम्हारे विषय में कभी ऐसा सोचा भी जा सकता है ?

विदूषक : तब तो मैं ठीक उसी प्रकार जाऊंगा, जिस प्रकार कि राजा के छोटे भाई को जाना चाहिए।

राजा : हां, ठीक है। जहां तक हो, तपोवन से यह सब बखेड़ा दूर ही रहना चाहिए, इसलिए इस सारी सेना को भी मैं तुम्हारे साथ ही वापस नगर को भेज रहा हूं।

विदूषक : तब तो इस ताम-झाम के साथ मैं इस समय राजकुमार ही बन गया हूं।

राजा : *(मन-ही-मन)* यह ब्राह्मण तो बड़ा ही नटखट है। कहीं यह रनिवास में जाकर यहां की मेरी सारी बातें ही न कह डाले। इसको इस प्रकार समझाता हूं– *(विदूषक का हाथ पकड़कर प्रकट में)* मित्र ! मैं ऋषियों का बड़ा आदर करता हूं। ये बड़े ही गौरवशाली ऋषि हैं, इसलिए उनके आश्रम में रहा हूं। उस ऋषिकन्या की बात तो यों ही थी, उसके प्रति मेरे मन में किसी प्रकार का प्रेम नहीं है।

देखो–

कहां तो हम राजा लोग और कहां प्रेम की बातों से सर्वथा अनजान मृगशावकों के साथ खेलने वाली वह ऋषिकन्या।

मित्र ! हमने हंसी में तुमसे जो इतनी बातें कही हैं उन्हें तुम सत्य न समझ बैठना।

विदूषक : अरे नहीं, ऐसी बात नहीं है।

[सभी चले जाते हैं।]

तृतीय अंक

[हाथ में कुशा लेकर यजमान शिष्य का प्रवेश]

शिष्य : महाराज दुष्यन्त का प्रताप तो देखिए कि जब से वे आश्रम में पधारे हैं, तब से हमारे सभी कार्य बिना किसी विघ्न-बाधा के सम्पन्न होते चले जा रहे हैं।

बाण चढ़ाने की बात ही क्या है, दूर से धनुष की टंकार से और इन्द्र धनुष की हुंकार से ही वे हमारे सारे विघ्नों को दूर कर देते हैं।

तो चलूं, ऋत्विजों के लिए वेदी पर बिछाने की कुशा ले जाकर उनको पहुंचा आऊं। *(घूमकर आकाश की ओर देखते हुए)*

[नेपथ्य में]

अरी प्रियंवदा ! ये डंठल वाले कमल के पत्ते और खस मिला हुआ यह लेप तुम किसके लिए लिये जा रही हो ?

[सुनता हुआ-सा]

[पुनः नेपथ्य में]

क्या कहा ? लू लग जाने से शकुन्तला बड़ी बेचैन हो गई है ? उसके शरीर को ठंडक पहुंचाने के लिए यह सब ले जा रही हो ? तब तो तुरन्त जाओ। वह तो हमारे कुलपति भगवान कण्व की श्वास के समान है। मैं भी जाकर तब तक उसके लिए गौतमी के हाथ शान्ति जल भिजवाता हूं।

[जाता है।]

[परदा गिरता है]

[काम से अनावस्था वाले राजा का प्रवेश]

राजा : *(चिन्तित-सा सांसें भरता हुआ)* तपस्वियों की शक्ति को मैं भली प्रकार जानता हूं। इसीलिए मैं अपनी प्रिया को हरकर भी तो नहीं ले जा सकता और यह भी जानता हूं कि विवाह करना अथवा न करना उस कुमारी के वश की बात नहीं है। वह परवश है, इस कारण वह स्वयं भी मेरे साथ नहीं जा सकती। फिर भी न जाने क्या बात है कि मैं अपना मन उस पर से हटा ही नहीं पा रहा हूं।

[काम-पीड़ा का-सा अनुभव करते हुए।]

हे पुष्पों के शस्त्र धारण करने वाले कामदेव भगवान् ! आपने चन्द्रमा की सहायता से उन सब कामियों के साथ बड़ा विश्वासघात किया है जो आप पर विश्वास किये हुए थे।
क्योंकि–
तुम्हारा फूलों के बाण वाला कहा जाना और चन्द्रमा का ठण्डी किरणों वाला कहा जाना, ये दोनों ही बातें मुझ सरीखे विरहियों को सब झूठी-सी जान पड़ती हैं। क्योंकि मुझे तो ऐसा लग रहा है कि चन्द्र अपनी ठण्डी किरणों से आग बरसा रहा है और तुमने भी अपने पुष्प-शरों में वज्र की कठोरता को भर लिया है।
अथवा–
यदि तुम मदभरी और बड़ी-बड़ी आंखों वाली शकुन्तला के कारण मेरे चित्त को बार-बार दुखाने का उपक्रम कर रहे हो तुम ठीक ही कर रहे हो, मैं इसको ऐसा ही समझता हूं।

[खेद से परिक्रमा करके]

यज्ञ पूर्ण हो जाने पर जब ये ऋषि लोग मुझे विदा कर देंगे तब मैं अपने ये दुःखी प्राण लेकर अपना मन कहां बहलाऊंगा? तब तक तो उसको ही खोजता हूं।

[ठण्डी सांस भरकर]

प्रिया के दर्शन के अतिरिक्त अब मेरे लिए अन्य आश्रय ही क्या रह गया है। चलता हूं, उसको ढूंढ़ता हूं।

[सूर्य को देखकर]

ऐसी भरी दुपहरी में शकुन्तला अपनी सखियों के साथ मालिनी के तट पर बने लता मण्डपों में ही जाकर प्रायः बैठा करती है। तो चलो, वहीं चलकर देखता हूं।

(घूमकर और वायु के स्पर्श का-सा अभिनय करता हुआ)
वाह ! यहां कैसा सुन्दर पवन बह रहा है।
कमल की सुगन्ध में बसा हुआ और मालिनी की लहरों की फुहारों से लदा हुआ यह पवन, काम से तप्त इन अंगों को बड़ा ही सुहावना लग रहा है।

[घूमकर और देखकर]

बंतों से घिरे इस लता मण्डप में ही कहीं शकुन्तला को बैठी होना चाहिए। क्योंकि *(नीचे देखकर)*–
इस कुंज के द्वार पर पीली रेती में भारी नितम्ब वाली सखियों के पैरों के नये-नये पड़े हुए ये चिह्न-से दिखाई दे रहे हैं जो एड़ी की ओर से गहरे और आगे की ओर उठे हुए हैं। अच्छा, इन पेड़ों की ओट से देखता हूं।

[घूमकर और प्रसन्न होकर]

वाह ! मेरी आंखें ठण्डी हो गई हैं। यह मेरी प्रिया यहां सुन्दर फूलों के बिछौनों वाली पत्थर की पटिया पर लेटी हुई है और उसकी दोनों सखियां उसकी सेवा में लगी हुई हैं। अच्छा, सुनूं तो सही कि ये सब परस्पर किस प्रकार की बातें कर रही हैं ?

[खड़ा होकर सुनता है]

[दृश्य परिवर्तन]

[जैसा कि ऊपर कहा गया है, उस अवस्था में शकुन्तला और उसकी सखियां दिखाई देती हैं।]

सखियां : *(बड़े प्यार से शकुन्तला को पंखा झलती हुई)* सखि शकुन्तला ! इन कमल के पत्तों के झलने से तुम्हें कुछ ठण्डक भी पहुंच रही है कि नहीं ?

शकुन्तला : सखियो ! क्या तुम मुझे पंखा झल रही हो ?

[सखियां दुःखी होने का अभिनय करती-सी एक-दूसरे को देखती हैं।]

राजा : शकुन्तला तो बहुत ही अस्वस्थ शरीर-सी दिखाई दे रही है।

[सोचकर]

क्या इसे लू लग गई है ? या कहीं ऐसा तो नहीं है कि जो दशा मेरे मन की हो रही है, वही इसके मन की भी हो रही हो ?

[बड़ी ललचाई आंखों से देखता हुआ]

परन्तु संदेह किया ही क्यों जाए ?
क्योंकि–
इसके स्तनों पर तो खस का लेप लगा हुआ है, इसके एक हाथ में कमल के नाल का ढीला कंगन बंधा हुआ है। यद्यपि यह इतनी बेचैन हो रही है तदपि इस अवस्था में भी इसका शरीर कुछ कम सुन्दर नहीं लग रहा है। यद्यपि लू लगने और प्रेम के ताप में तपने पर दोनों में एक-सी बेचैनी होती है, किन्तु लू लग जाने पर युवतियों में उतनी सुन्दरता नहीं रह जाती।

प्रियंवदा : *(अलग)* अनसूया ! जब से शकुन्तला ने उस राजर्षि को देखा है तभी से यह उन पर मुग्ध हो गई है। हो सकता है कि इसको यह ताप उसके ही कारण हो।

अनसूया : सखी ! मेरे मन में भी कुछ इसी प्रकार की शंका हो रही है। ठीक है। तब इससे ही क्यों न पूछ लें।

[प्रकट में]

सखी ! हम तुमसे कुछ पूछना चाहती हैं ? देखो, तुम्हारा सन्ताप तो बहुत बढ़ता जा रहा है।

शकुन्तला : *(बिछौने पर अधलेटी-सी होकर)* सखी ! तुम क्या पूछना चाह रही हो ?

अनसूया : सखी शकुन्तला ! हम प्रेम-वेम की बातें तो कुछ जानती नहीं हैं। इस पर भी इधर-उधर की इतिहास की कहानियों में हमने प्रेमियों की जिस प्रकार की बातें पढ़ी और सुनी हैं, कुछ-कुछ उसी प्रकार की तुम्हारी दशा हमें दिखाई दे रही है। अब तुम ही बताओ कि यह तुम्हारा सन्ताप किस कारण से है ? क्योंकि जब तक रोग का ठीक-ठीक पता नहीं चलेगा तब तक उसकी चिकित्सा किस प्रकार की जा सकती है ?

राजा : मैंने जो बात सोची थी ठीक वही बात उसकी सखी अनसूया सोच रही है। इसका मतलब यह हुआ कि जो मैंने सोचा था वह केवल मेरे अपने मन की बात नहीं थी।

शकुन्तला : *(मन-ही-मन)* सचमुच ही मेरा प्रेम तो बहुत ही आगे बढ़ गया है। इस पर भी इनसे सहसा कुछ कहते नहीं बन पा रहा हैं।

प्रियंवदा : सखी शकुन्तला ! अनसूया ठीक कह रही है। तुम इस प्रकार अपना रोग क्यों बढ़ाती जा रही हो। दिन-प्रतिदिन तुम सूखती ही चली जा रही हो। तुम्हारे शरीर पर तो केवल एक सुन्दर लावण्यमयी काया-सी झलकती दिखाई देने लगी है।

राजा : प्रियंवदा सच कहती है।

क्योंकि–

इसके कोमल कपोल मुरझा गए हैं, मुंह सूख गया है। स्तनों की कठोरता भी समाप्त हो गई है। कटि प्रदेश और भी पतला हो गया है। कन्धे झुक गए हैं और देह पीली पड़ गई है। मदन के क्लेश से यह ऐसी हो गई है जैसे वायु के परस से मुरझाई हुई पत्तियों वाली माधवी लता हो, जो सुन्दर भी लगती है और जिस पर दया भी आती है।

शकुन्तला : यदि तुमसे न कहूंगी तो फिर किससे कहूंगी ? सखी ! अब तो तुम दोनों को मेरे लिए कुछ-न-कुछ करना ही होगा। यह कष्ट किसी अन्य को नहीं दिया जा सकता।

दोनों : अरे, इसीलिए तो इतनी देर से हम दोनों तुमसे इतना आग्रह कर ही हैं। अपने आत्मीयों से दुःख बांट लेने पर उसकी वेदना कुछ कम हो जाती है, वह सहनीय हो जाता है।

राजा : *(उनकी बात सुनकर)* सुख-दुःख में साथ देने वाली अपनी इन सखियों के पूछने पर तो यह बाला अवश्य ही अपने मन की बात बता देगी।

यद्यपि उस समय शकुन्तला ने बार-बार और बड़े प्यार से तथा ललचाई आंखों से देखा था, फिर भी मेरे जी में धुकधुकी-सी हो रही है। देखें, यह अपनी सखी को अपने दुःख का क्या कारण बताती है।

शकुन्तला : सखी ! आश्रम की रक्षा करने वाले वे राजर्षि जबसे मेरी आंखों में समाए हैं तभी से, उन्हीं के प्रेम में मेरी यह दशा हो रही है।

राजा : *(हर्ष से)* यही तो मैं सुनना चाहता था। जो कामदेव मुझे पीड़ा दे रहा था उसी ने मुझे इस प्रकार जिला लिया जैसे गर्मी का दिन पहले तो जीवों को व्याकुल कर देता है पर दिन ढल जाने पर वही सबका जी हरा भी कर देता है।

शकुन्तला : यदि तुम दोनों ठीक समझो तो कोई ऐसा उपाय करो कि उन राजर्षि की मुझ पर कृपा हो जाये। अन्यथा बस ! मेरी मृत्यु ही समझो। तुम लोग मुझे तिलांजलि देने की तैयारी कर लो।

राजा : यह सुनकर तो मेरे मन का सारा संसय मिट गया है।

प्रियंवदा : *(अनसूया से अलग में जाकर)* सखी ! इसकी प्रेम-कथा तो इतनी बढ़ गई है कि इसका कोई-न-कोई उपाय शीघ्र ही करना चाहिए। इसने चुना भी तो आखिर पुरु वंश के भूषण महाराज दुष्यन्त को ही। इसकी इस उत्तम अभिलाषा और इसके चयन की सराहना ही करनी चाहिए।

अनसूया : हां, यह तो है ही।

प्रियंवदा : *(प्रकट में)* सखि ! तू अत्यन्त भाग्यशालिनी है, जो ऐसा योग्य पुरुष तेरी दृष्टि में समाया है। भला कोई बताये कि सागर को छोड़कर महानदी और जाएगी भी कहां ? आम के वृक्ष को छोड़कर नये पत्तों वाली माधवी लता और भला किसका सहारा लेगी ?

राजा : यदि विशाखा के दोनों नक्षत्र चंद्रकला के पीछे-पीछे चलें तो इसमें आश्चर्य ही क्या है ?

अनसूया : तब तो कोई ऐसा उपाय बताओ कि जिससे हमारी सखी की मनोकामना भी तुरंत पूरी हो जाये और किसी को कानो-कान इसकी सूचना भी न होने पाये।

प्रियंवदा : तुरंत वाला उपाय तो सोचा जा सकता है। पर बात भी किसी को पता न चले, इसके लिए कुछ सोचना पड़ेगा।

अनसूया : क्यों ?

प्रियंवदा : वास्तविकता तो यह है कि वे राजर्षि भी शकुन्तला से उतना ही प्रेम करने लगे हैं, जितना कि शकुन्तला। इसीलिए तो दिन-रात जागते रहने के कारण पिछले कुछ दिनों से वे भी दुर्बल से दिखाई देने लगे हैं।

राजा : सचभुच में ही मेरी दशा ऐसी ही हो गई है।
क्योंकि–
मैं इतना दुर्बल हो गया हूं कि सिर के तले लगी हुई भुजा पर बंधा हुआ मेरा यह सोने का भुजबन्ध, रात-रात भर मेरी आंखों की कोरों से छन-छनकर गिरे हुए गरम आंसुओं से मैला होकर इतना ढीला पड़ गया है कि बार-बार ऊपर सरकाते रहने पर भी गट्टे पर खिसक आता है। इसी प्रकार धनुष की डोरी की रगड़ से पड़े हुए घट्ठों पर भी यह नहीं टिक पाता।

प्रियंवदा : *(कुछ सोचकर)* सखी ! इस अवस्था में इससे एक प्रेम-पत्र लिखवाया जाये। उस प्रेम-पत्र को किसी प्रकार फूलों में छिपाकर देवता के प्रसाद के बहाने राजा को दे आया जाये।

अनसूया : तुम्हारा यह सुझाव तो मुझे भी अच्छा लगा है। किन्तु शकुन्तला क्या कहती है, उससे भी तो पूछ लें।

शकुन्तला : तुम्हारी बातों में किसी प्रकार की कोई बात कहना मेरे बस की बात नहीं है।

प्रियंवदा : तब तुम अपनी दशा का वर्णन करती हुई उस प्रेम-पत्र में एक सुन्दर-सी कविता रच डालो।

शकुन्तला : किसी प्रकार सोच-सोचकर कविता की रचना तो मैं कर दूंगी किन्तु मेरा हृदय यह सोच-सोचकर कांप उठता है कि यदि कहीं उन्होंने

अस्वीकार कर दिया तो फिर क्या होगा ?

राजा : *(हर्ष पूर्वक)* तुम जिससे निरादर की आशंका कर रही हो वह तुमसे मिलने के लिए स्वयं बहुत उत्सुक हो रहा है। जो लक्ष्मी को पाना चाहता है, उसकी प्रार्थना पर भले ही उसको लक्ष्मी न मिले किन्तु जिसे स्वयं लक्ष्मी चाहती हो वह लक्ष्मी को न मिले, यह किस प्रकार संभव हो सकता है ?

दोनों सखियां : अरे, तू स्वयं को इस प्रकार की क्यों समझ रही है ? भला बता तो, कौन ऐसा मूर्ख होगा जो शरीर को शान्ति देने वाली शरत् को चंद्रिका को रोकने के लिए अपने सिर पर कपड़ा ही तान लेगा ?

शकुन्तला : *(मुस्कुराकर)* अच्छा, जैसा तुम कह रही हो वही करती हूं।

[शकुन्तला बैठी हुई-सी सोचती है।]

राजा : अपनी प्रिया को जी भरकर देखने का यह बहुत ही अच्छा अवसर है।

क्योंकि–

लता के समान चढ़ी हुई एक भौंह वाला और हर्ष से पुलकित गालों वाला, इस कविता की रचना करने वाली का मुख ही स्वयं बता रहा है कि यह मुझको कितना प्यार करती है।

शकुन्तला : सखि ! कविता में क्या लिखा जाये, यह तो मैंने सोच लिया है। किन्तु लिखूं किस प्रकार ? लिखने की सामग्री में से तो हमारे पास कुछ भी नहीं है ?

प्रियंवदा : शुक की छाती के समान सुकोमल इस कमलिनी के पत्ते पर तुम अपने नखों की कलम और स्याही बनाकर लिख दो।

शकुन्तला : *(वैसा करती हुई।)*

[लिखने के बाद]

राजा : सखी ! लिख तो मैंने लिया है। अब तुम एक बार इसको सुन लो कि कविता कुछ ठीक भी बनी है अथवा नहीं।

दोनों सखियां : हां, सुनाओ, हम सुन रही हैं।

शकुन्तला : *(सुनाने लगती है।)*

तुम्हारे हृदय की बात
मैं नहीं जानती।
किन्तु
हे निर्दय !

तेरे ही प्रेम-पाश में बंधकर
मैं तड़प रही हूं
दिन रात।

राजा : *(सहसा आगे बढ़कर–)*
तुम्हें तो कामदेव सता ही रहा है, पर मुझे तो वह निरन्तर जलाए ही डाल रहा है। क्योंकि दिन निकलने पर कुमुदिनी उतना नहीं कुम्हलाती जितना कि चंद्रमा क्षीण हो जाता है।

सखियां : *(हर्षपूर्वक)* आपका स्वागत है। हम अभी आपके विषय में यही सोच रही थीं, हमारा मनोरथ तुरन्त ही पूर्ण हो गया है।

[शकुन्तला उठना चाहती है।]

राजा : बस, बस हो गया–

[विरह ताप से तप्तं होकर फूलों के बिछौने पर जब तुमने इधर-उधर करवट ली है उससे पसीने के साथ फूलों की पंखुडियां तुम्हारे शरीर से चिपट गई हैं। कमल की नाल के जो आभूषण तुमने धारण किये हुए हैं वे ताप से मुरझा गए हैं। इससे यह स्पष्ट आभास मिलता है कि तुम्हारा शरीर अभी भी बहुत विकल है और तुम इस योग्य नहीं हो पाई हो कि उठकर किसी का आदर-सत्कार कर सको।]

अनसूया : *(राजा से)* वयस्य ! आप भी शिलापट्ट के एक कोने को ही सुशोभित कीजिए, अन्य कोई उपयुक्त स्थान यहां तो है भी नहीं।

[राजा वहां बैठ जाता है। शकुन्तला सकुचाती है।]

प्रियंवदा : यह बात तो अब स्पष्ट हो गई है कि आप दोनों परस्पर प्रेम करते हैं। किन्तु अपनी सखी के प्रति अत्यन्त स्नेह के नाते मैं आपसे कुछ कहना चाहती हूं।

राजा : भद्रे ! आप अपने मन की बात कह डालिए, इसे रोकना उचित नहीं है। यदि मन में आई बात को न कहा जाये तो बाद में पछताना पड़ता है।

प्रियंवदा : आप यहां के महाराज हैं। अतः आपका यह धर्म है कि राजा होने के नाते आप अपनी प्रजा के कष्टों को दूर करें।

राजा : किन्तु मैंने कब इसका प्रतिवाद किया है ?

प्रियंवदा : तो महाराज सुनिए ! आपके ही कारण भगवान कामदेव ने हमारी सखी की यह दशा कर दी है। अब आप ही यदि कृपा करें तो

उसके प्राण बच सकते हैं।

राजा : मैं आप लोगों का अनुगृहीत हूं। वास्तव में मेरी भी वैसी ही दशा हो रही है।

शकुन्तला : *(प्रियंवदा को देखकर)* सखी ! ये राजा तो अपने निवास में रहने वाली रानियों के विरह में व्याकुल हो रहे होंगे। तुम इन्हें इस फेर में क्यों डाल रही हो।

राजा : सुन्दरि !
मेरा हृदय तुम्हें छोड़कर अन्य किसी को प्यार नहीं करता। फिर भी हे मदभरी चितवन वाली ! मेरे हृदय की रानी ! एक यदि तुम मेरी बात का विश्वास नहीं करतीं तो मैं यही समझूंगा कि कामदेव के बाण से बार घायल हुए मुझको तुम दुबारा से घायल कर राही हो।

अनसूया : महाराज ! सुनते हैं कि राजा तो अनेक रानियों से प्रेम प्रकट किया करते हैं। इसलिए हमारी प्रिय सखी के लिए तो कुछ इस प्रकार का प्रबन्ध कीजिए कि जिससे उसके हम सगे-सम्बन्धियों को बाद में किसी प्रकार का पश्चात्ताप न करना पड़े।

राजा : भद्रे ! मैं अधिक तो क्या कहूं, इतना ही कह सकता हूं कि–रनिवास में भले ही कितनी रानियां रहती हों, किन्तु मेरे कुल में तो केवल दो ही बड़ी कही जायेंगी। एक तो समुद्रवसना अर्थात् चारों ओर सागर से घिरी हुई पृथ्वी और दूसरी यह आपकी प्रिय सखी।

दोनों : तब तो हमें सन्तोष है।

प्रियंवदा : *(बाहर देखती हुई)* अनसूया ! देख तो, यह मृगशावक इधर-उधर देखता अपनी मां को खोज रहा है। आओ, इसे इसकी मां के पास पहुंचा आयें।

[इस प्रकार दोनों जाने लगती हैं।]

शकुन्तला : *(घबराकर)* सखियो ! तुम मुझे अकेले किसके सहारे छोड़े जा रही हो ? दोनों में से एक तो यहां ठहर जाओ।

दोनों : सारी पृथ्वी का जो सहायक है वह तो तुम्हारे समीप ही बैठा है। फिर घबराहट या डर किस बात का ?

[दोनों चली जाती हैं।]

शकुन्लता : *(उन्हें देखकर)* क्या चली गईं ?

राजा : घबराओ नहीं। अब तुम्हारी सेवा करने के लिए मैं जो तुम्हारे समीप बैठा हूं।
हाथी की सूंड़ के समान सुन्दर जांघों वाली ! तुम्हें इस समय जो

अच्छा लगता हो, जिससे तुम्हें शीतलता मिलती हो, मैं वह करने को तैयार हूं। यदि कहो तो इन थकावट दूर करने वाले ठंडे कमलिनी के पत्तों से तुम्हें पंखा झलूं, या यदि तुम कहो तो तुम्हारे लाल कमलों जैसे दोनों चरणों को अपनी गोद में रखकर धीरे-धीरे दबाऊं?

शकुन्तला : पूज्य लोगों से सेवा करवाकर मैं पाप की भागिनी बनना नहीं चाहती।

[उठकर जाना चाहती है।]

राजा : सुन्दरि ! अभी तो दिन भी नहीं ढला है और इधर तुम्हारे शरीर की अवस्था ठीक नहीं है।
इस तपती दोपहरी में फूलों का बिछौना छोड़कर और कमल के पत्तों से अपने स्तन ढककर, विरह में तपे हुए अपने दुर्बल अंगों को लेकर इस समय तुम कहां जाओगी ?

[इस प्रकार उसका हाथ पकड़कर रोक देता है।]

शकुन्तला : पुरुराज ! कुछ तो विनय और शील की लाज रखिए ! प्रेम में व्याकुल होने पर भी अपने मन से तो मैं कुछ भी नहीं कर सकती।

राजा : भीरु ! अब तुम अपने बड़ों से डरना छोड़ दो। धर्म को भली-भांति जानने वाले तुम्हारे कुलपति यदि इस प्रकार हमारी सब बातें जान भी लेंगे तो वे उसमें किसी प्रकार का दोष नहीं पायेंगे। देखो–
बहुत-सी राजर्षि कन्याओं ने गन्धर्व रीति से विवाह कर लिया। यह सुना जाता है कि उन परिणीता कन्याओं का उनके पिताओं ने अभिनन्दन ही किया है।

शकुन्तला : अच्छा, अभी तो आप कृपा करके मुझे छोड़ दीजिए। फिर भी मैं अपनी सखियों से तो कुछ पूछ लूं।

राजा : यदि तुम कहती हो तो मैं छोड़ दूंगा।

शकुन्तला : किन्तु कब ?

राजा : जिस प्रकार नये कोमल फूलों का रस भौंरा बड़े चाव से चूस लेता है, उसी प्रकार जब तुम, उस भौंरे के समान तुम्हारे अधरों के रस के प्यासे मुझको अपने अधरों का रस पान कराओगी, तब छोड़ दूंगा।

[ऐसा कहकर राजा उसका मुख ऊपर उठाना चाहता है, शकुन्तला रोने का अभिनय करती है।]

[नेपथ्य में]

चक्रवाक वधू! अपने सहचर को बुला ले। रात होने वाली है।

शकुन्तला : *(घबराकर)* पुरुराज ! जान पड़ता है कि मेरे शरीर की दशा जानने के लिए आर्या गौतमी स्वयं इधर ही आ रही हैं। इसलिए आप उस वृक्ष की ओट में हो जाइए।

राजा : अच्छा। *(यह कहकर छिप जाता है।)*

[उसके बाद हाथ में एक पात्र लिये हुए गौतमी और दोनों सखियों का प्रवेश।]

सखियां : आर्या गौतमी ! इधर आइये। इधर को आइये।

गौतमी : *(शकुन्तला के समीप पहुंचकर।)* वत्से ! क्या तुम्हारे अंगों का संताप अब कुछ कम हुआ ?

शकुन्तला : आर्ये ! हां, अब कुछ कम है।

गौतमी : *(शकुन्तला के सिर पर कुशा का जल छिड़ककर फिर कहती है–)* लो, इस कुशोदक से अब तुम्हारा शरीर स्वस्थ हो जायेगा। वत्से ! उठो, चलो, अब दिन ढल गया है। आओ, अब कुटिया में चलते हैं।

[सब जाते हैं।]

शकुन्तला : *(जाते हुए मन-ही-मन)* अरे मन ! जब तुम्हारा मनोरथ पूर्ण करने के लिए तुम्हारा प्रिय तुम्हारे समीप था तब तो तुम अपनी कातरता छोड़ नहीं पाये। अब पछताते हुए बिछुड़ जाने पर क्यों इतना संताप कर रहे हो ? *(कुछ पग चलकर फिर खड़ी होती है और प्रकट में कहती है)* हे सन्ताप हरने वाले लतापुंज ! मैं तुम्हें फिर निमन्त्रण दिये जाती हूं।

[इस प्रकार दुःख के साथ शकुन्तला का अपनी सखियों के साथ प्रस्थान।]

राजा : *(पहले स्थान पर आकर, निःश्वास छोड़ता हुआ)* अहो ! मन की कामना पूर्ण होने में बाधायें-ही-बाधायें हैं।
क्योंकि–
अपने जिस ओठ को शकुन्तला बार-बार अपनी अंगुली से ढकती जा रही थी, जो बार-बार 'नहीं' कहती हुई बड़ी सुन्दर लग रही थी, अपने जिस मुख को वह कन्धे की ओर मोड़ती जा रही थी, उस सुन्दर पलकों वाली शकुन्तला के मुख को उठाकर मैं चुम्बन

भी नहीं कर पाया।
अब कहां जाऊं ? जहां मेरी प्यारी कुछ देर रहकर गई है, मैं भी थोड़ी देर इसी लता कुंज में ठहर जाता हूं।

[सब और देखकर]

उसके शरीर से मसला हुआ यह फूलों का बिछौना इस पत्थर की शिला पर पड़ा हुआ है। कमलिनी के पत्ते पर नखों से लिखा हुआ उसका यह प्रेम-पत्र भी यहीं पड़ा हुआ है। कमलनाल के आभूषण ताप से सूखकर उसके हाथों से गिरकर यहीं पड़े हैं। अपने नेत्रों की उलझाने वाली उसकी इतनी वस्तुओं के होते हुए इन सबको छोड़ शीघ्र कहीं चले जाने को मेरा मन भी तो नहीं कर पा रहा है।

[नेपथ्य में]

राजन् !
सायंकाल के यज्ञ-कर्म के आरम्भ होते ही, जलती हुई अग्नि वाली यज्ञ वेदियों के चारों ओर सांझ के बादलों के समान काले-काले और लाल-लाल डरावने राक्षस इधर-उधर घूमते दिखाई दे रहे हैं।

राजा : मैं आता हूं।

[निकल जाता है।]

चतुर्थ अंक

[फूलों का चयन करने का अभिनय करती हुई दोनों सखियों का दृश्य]

अनसूया : प्रियंवदा ! वह तो बड़ी सन्तोष और सुख की बात हुई कि शकुन्तला का गान्धर्व रीति से विवाह हो गया है और उसके योग्य पति भी प्राप्त हो गया है। किन्तु मेरे लिए यही बड़ी चिन्ता है...

प्रियंवदा : *(बात बीच में ही रोककर पूछने लगती है)* क्या बड़ी चिन्ता है तुम्हें ?

अनसूया : यही कि आज यज्ञ की समाप्ति के उपरान्त जब ऋषियों और हम सबसे विदा लेकर ये राजा अपनी राजधानी में पहुंच जायेंगे और वहां पहुंचकर रनिवास की रानियों में रम जायेंगे तब वहां रमने के उपरान्त भी इन्हें इस तपोवन की सुध रह जायेगी क्या ?

प्रियंवदा : ऐसा तो नहीं लगता कि वे यह सब भूल जायेंगे। क्योंकि जिस प्रकार के आचरण वाले राजा दुष्यन्त हमें दिखे, उस प्रकार के लोग कपटी वृत्ति के नहीं हो सकते।
किन्तु मुझे तो दूसरी ही चिन्ता लग रही है ?

अनसूया : वह क्या ?

प्रियंवदा : जब हमारे कुलपति महर्षि कण्व आश्रम में लौटकर आयेंगे और ये सब बातें सुनेंगे तो वे पता नहीं क्या समझेंगे अथवा क्या करेंगे, यही मेरी चिन्ता का विषय है।

अनसूया : जहां तक मेरा अनुभव कहता है, वह यही है कि वे इसका समर्थन ही करेंगे।

प्रियंवदा : यह कैसे कहती हो तुम ?

अनसूया : क्योंकि उनका तो संकल्प ही यही था कि इसके योग्य कोई वर मिल जायेगा तो वे इसका उसके साथ विवाह कर देंगे। जब यह कार्य भगवान ने स्वयं ही पूरा कर दिया है तो उनका तो बिना प्रयास के ही मनचाहा काम हो गया है।

प्रियंवदा : *(फूलों की टोकरी देखकर)* सखि ! मैं समझती हूं कि बलि कर्म

के लिए तो हमने पर्याप्त फूलों का चयन कर लिया है।

अनसूया : हां, बलि कर्म के लिए तो इतने फूल पर्याप्त थे। किन्तु आज हमें अपनी प्रिय सखी शकुन्तला के सौभाग्य देवता की भी तो पूजा करनी है, उसके लिए भी पर्याप्त फूलों की आवश्यकता होगी।

प्रियंवदा : अरे, हां ! तुम ठीक कहती हो। *(यह कहकर वह फिर फूल चुनने लग जाती है।)*

[नेपथ्य में]

अरे मैं आया हुआ हूं।

अनसूया : *(कान लगाकर सुनने का अभिनय करती हुई)* यह तो किसी अतिथि की-सी ही बोली लगती है।

प्रियंवदा : तो क्या हुआ ? शकुन्तला तो आज कुटिया में ही है। *(फिर मन-ही-मन कहती है)* किन्तु आज वह कुछ अनमनी-सी हो रही है।

अनसूया : चलो, अब चलें, इतने फूलों से पूजा-अर्चना का कार्य सम्पन्न हो जायेगा।

[दोनों का प्रस्थान]

[नेपथ्य में]

अरी ! ओ अतिथि का अपमान करने वाली–
जिसके ध्यान में मग्न होकर तू मुझ जैसे तपस्वी के आने की भी सुधि नहीं ले रही है वह बहुत स्मरण दिलाने पर भी तुझे उसी प्रकार भूल जायेगा जिस प्रकार पागल मनुष्य अपनी पिछली बातों को भूल जाया करते हैं।

[दृश्य परिवर्तन]

प्रियंवदा : हाय, हाय ! यह तो बहुत बुरा हो गया। लगता है कि अपनी बेसुधी की अवस्था में शकुन्तला ने किसी पूजनीय महापुरुष का अपराध कर दिया है।

[सामने देखकर]

वह भी ऐरे-गैरे या ऐसे-वैसे मनुष्य का नहीं, अपितु यह तो तनिक-सी बात पर क्रुद्ध होने वाले महर्षि दुर्वासा ही हैं जो हमारी प्रिय सखी को शाप देकर क्रोध से कांपते हुए पैरों से बड़े वेग से आश्रम से लौटे जा रहे हैं।
भला आग को छोड़कर जलाने का काम और कौन करेगा ?

अनसूया : प्रियंवदा ! तुम जाओ और उनके पैरों को पड़कर किसी प्रकार उनको

वापस बुला लाओ। तब तक मैं अर्घ्य का जल लेकर आती हूं।

प्रियंवदा : अच्छा, मैं जाती हूं।

[जाती है।]

[अनसूया दो-एक पग आगे बढ़ती है कि ठोकर खा जाती है।]

अनसूया : हाय, हाय ! जल्दी-जल्दी चलने से ऐसी ठोकर खा ली है कि हाथ से फूल की पिटारी ही छूट गई है।

[अनसूया गिरे फूलों को चुनने का अभिनय करती है।]

[प्रियंवदा का पुनः प्रवेश]

प्रियंवदा : सखि ! वे तो स्वभाव से ही बड़े विकृत प्राणी हैं। वे क्या किसी का अनुनय-विनय सुनते हैं ? फिर भी मैंने किसी-न-किसी प्रकार उनको थोड़ा-बहुत मना लिया है।

अनसूया : *(मुस्कुराकर)* वह भी बहुत है। बोलो, किस प्रकार मनाया उनको ?

प्रियंवदा : जब वे किसी प्रकार भी आश्रम को लौटने को तैयार नहीं हुए तो फिर मैंने उनसे अनुनय-विनय करके कहा—भगवन् ! एक तो हमारी सखी का यह पहला ही अपराध है, फिर वह आपके तेज के प्रभाव से सर्वथा अनभिज्ञ है, इसलिए कम-से-कम उस कन्या का यह प्रथम अपराध तो आप क्षमा कर ही दीजिए।

अनसूया : हां, उसके बाद फिर ?

प्रियंवदा : फिर वे इतना कहकर वहां से चल दिये कि मेरा वचन तो अब अन्यथा हो नहीं सकता। हां, इतना हो सकता है कि यह कन्या अपने उस प्रेमी को, जिसके ध्यान में वह खोई हुई थी, उसके अभिज्ञान के लिए उसके द्वारा दिया कोई आभूषण आदि दिखा दे तो मेरा शाप छूट जायेगा और उसको पुनः इसका स्मरण होने लगेगा।

अनसूया : चलो, कुछ तो आश्वासन मिला। क्योंकि उस राजर्षि ने यहां से चलते समय अपने नाम वाली मुद्रिका हमारी सखी शकुन्तला को दी थी। यह उन्होंने अपने स्मृति-चिह्न के रूप में दी थी। वही मुद्रिका शकुन्तला के शाप से मुक्ति का सहज उपाय सिद्ध होगी।

प्रियंवदा : सखी ! चलो तब तक हम लोग देव-पूजन का कार्य पूरा कर लेती हैं।

[दोनों घूम जाती हैं।]

[दृश्य परिवर्तन]

प्रियंवदा : *(देखकर)* अनसूया ! देखो तो बायें हाथ पर अपने बायें गाल को टिकाये हुए हमारी सखी किस प्रकार चित्र लिखी-सी बैठी दिखाई

दे रही है। जब पति की चिन्ता में यह अपनी ही सुध-बुध खो बैठी है तो फिर अतिथि की बात कैसे सोच सकती थी ?

अनसूया : प्रियंवदा ! यह बात केवल हम दोनों तक ही सीमित रहनी चाहिए। शकुन्तला बड़ी ही कोमल प्रकृति की है, उसकी रक्षा तो हमको किसी-न-किसी प्रकार करनी ही होगी। इसको इस बात का ज्ञान नहीं होना चाहिए।

प्रियंवदा : हां, हां, यह तो है ही। लहलहाती हुई नव-मल्लिका की लता को वह कौन मूर्ख होगा जो उसको गरम पानी से सींचेगा ?

[दोनों का प्रस्थान]

[पर्दा गिरता है।]

[दृश्य परिवर्तन]

[सोकर उठे हुए एक शिष्य का प्रवेश]

शिष्य : अभी बाहर से लौटे हुए हमारे पूज्य महर्षि कण्व ने मुझे यह देखने के लिए कहा है कि अभी रात कितनी शेष रह गई है। तो बाहर प्रकाश में जाकर देखता हूं कि रात अब कितनी अवशिष्ट रह गई है।

[इधर-उधर घूमकर और आकाश की ओर देखकर]

अरे, यह तो प्रभात होने लगा है।
क्योंकि–
एक ओर तो औषधियों के पति चन्द्रमा अस्ताचल की ओर प्रस्थान कर रहे हैं तो दूसरी ओर अपने सारथी अरुण को आगे किये हुए सूर्यदेव प्रकट हो रहे हैं। इन दो तेजस्वियों के एक साथ उदय और अस्त को देखकर संसार को यही शिक्षा मिलती है कि लोक अपनी दशा से ही नियमित होता है। अर्थात् दुःख के उपरान्त सुख और सुख के उपरान्त दुःख आता रहता है।
और भी–
चन्द्रमा जब अस्त हो गया है तो अब कुमुदिनी की शोभा भी जाती रही, वह अब आंखों को नहीं भाती। उसकी शोभा केवल कल्पना में ही रह गई है। सचमुच ही जिन वनिताओं के पति परदेश चले गये होते है, उनका वियोग-दुःख तो निश्चित ही बड़ा दुस्सह होता होगा।

[झटके से परदा उठता है।]

[अनसूया का प्रवेश]

अनसूया : *(स्वगत)* यद्यपि प्रेम की बातों के विषय में तो मैं कुछ भी नहीं जानती, तदपि मैं समझती हूं कि उस राजा ने शकुन्तला के साथ अनार्य व्यवहार ही किया है।

[दूसरी ओर शिष्य]

शिष्य : चलूं; गुरुजी से जाकर निवेदन करूं कि हवन का समय होने लगा है।

[जाता है।]

अनसूया : जाग तो गई हूं। किन्तु क्या करूं ? आज तो अपने नित्य कर्म करने के लिए भी मेरे हाथ-पैरों में सामर्थ्य नहीं है ?
मेरी प्रिय सखी शकुन्तला उस झूठे राजा का इतना विश्वास कर बैठी तो अब तो इससे कामदेव का चित्त प्रसन्न हो गया होगा ? अथवा कौन जाने यह दुर्वासा के ही शाप का फल हो कि जो उस राजा ने अब तक भी शकुन्तला की सुधि नहीं ली है। अन्यथा वह राजर्षि तो बड़ी ही मीठी-मीठी बातें करने वाला था। तब क्या इतने दिन बीत जाने पर भी अपनी प्रियतमा के पास एक पत्र भी नहीं भेज सकता था ?
तब तो उसको स्मरण दिलाने के लिए उसके पास वह अंगूठी भेजनी ही होगी जो उसने शकुन्तला को दी थी। किन्तु यह भी समझ में नहीं आता कि इन तपस्वियों में से किसको राजधानी भेजा जाये। ये तो लोग वनचर हैं, राजधानी के तौर-तरीके क्या जानें ? बाहर से लौटते हुए तात कण्व से मैं अपनी प्रिय सखी के अपराध की बात तो कह सकती हूं कि दुर्वासा ऋषि के आने पर ऐसा हुआ था, किन्तु यह कहना मेरे लिए असम्भव-सा है कि शकुन्तला का राजा दुष्यन्त के साथ गान्धर्व रीति से विवाह हो गया है और इस समय वह गर्भवती भी है।
ऐसी स्थिति में अब हमको क्या करना चाहिए ?

[प्रियंवदा का प्रवेश]

प्रियंवदा : *(हर्ष प्रकट करती हुई)* सखी ! चलो उठो, जल्दी करो।

अनसूया : *(विस्मय से)* क्यों, ऐसी क्या बात है ?

प्रियंवदा : सखि ! उठो ! शकुन्तला की विदाई की व्यवस्था करनी है।

अनसूया : *(अत्यधिक विस्मय प्रकट करती हुई)* यह सब किस प्रकार सम्भव हो गया ?

प्रियंवदा : सुनो ! मैं अभी शकुन्तला के पास गई थी। मैंने उससे पूछा कि

रात को वह सुख से तो सोई ?

अनसूया : तो फिर ?

प्रियंवदा : तब तक वहां पूज्य पिता कण्व आ पहुंचे। उन्होंने लाज में गड़ी शकुन्तला को गले लगाया। उसे प्यार देते हुए बोले, वत्से ! आज आंखों में यज्ञधूम के भरे जाने पर भी यजमान की आहुति सौभाग्य से ठीक उसी स्थान पर पड़ी जहां कि पड़नी चाहिए थी। इसलिए जिस प्रकार योग्य शिष्य को विद्या दान करने से मन में दुःख नहीं होता वैसे तुझे भी योग्य पति के हाथ में देते हुए मुझे भी दुःख नहीं है।

मैं आज ही तुझे ऋषियों के साथ तेरे पति के पास भेजने की व्यवस्था करवाता हूं।

अनसूया : परन्तु तात कण्व को यह सारा वृत्तान्त बताया किसने ?

प्रियंवदा : जैसे ही तात कण्व यज्ञशाला में प्रवष्टि हुए उसी समय छन्दोवद्ध यह आकाशवाणी सुनाई दी–

अनसूया : *(विस्मय से बीच में ही टोककर)* क्या ?

प्रियंवदा : *(दत्तचित्त गाकर)* जिस प्रकार शमी वृक्ष के भीतर अग्नि का वास होता है वैसे ही हे ब्रह्मर्षि ! तुम्हारी इस कन्या के भीतर पुरुराज दुष्यन्त का तेज निवास करता है। इसको इसके स्थान पर पहुंचाने की व्यवस्था करो।

अनसूया : *(प्रियंवदा के गले से लिपटकर)* सखि ! यह तो बड़ा ही उत्तम कार्य हो गया है। किन्तु शकुन्तला आज ही हम लोगों से विदा हो जायेगी, इससे इस हर्ष में कुछ कमी भी आने लगी है।

प्रियंवदा : सखि ! हम तो अपने मन को किसी प्रकार समझा-बुझा लेंगी। किन्तु यह सुखी रहे, बस इतनी ही हमारी कामना है।

अनसूया : यह जो उधर आम की डाली पर नारियल लटका रखा है, उस पर मैंने बहुत दिनों तक सुगन्धित रहने वाली केसर की माला आज के जैसे शुभ दिन के लिए ही तो लटकाकर रखी हुई है। उसको वहां से उतारकर तो ले आ। तुम जब तक लाती हो तब तक मैं गोरोचन, तीर्थ की मिट्टी, कोमल दूब के तिनके आदि मंगल सामग्री का जुगाड़ करती हूं।

प्रियंवदा : ठीक है, तुम यह सब जुटाओ। मैं जाती हूं।

[अनसूया जाती है]

[प्रियंवदा माला उतारने का अभिनय करती है।]

[दृश्य परिवर्तन]

[नेपथ्य में]

गौतमी ! शार्ङ्रव आदि से शकुन्तला को पहुंचाने जाने के लिए तैयार होने को कहो।

प्रियंवदा : *(कान लगाकर सुनती है)* अनसूया ! चलो, जल्दी चलो। हस्तिनापुर जाने वाले ऋषियों की पुकार होने लगी है।

[हाथ में सामग्री लिये अनसूया का प्रवेश]

अनसूया : आओ सखि ! चलें।

[दोनों का प्रस्थान]

[दृश्य परिवर्तन]

प्रियंवदा : *(शकुन्तला को देखकर)* यह देखो, शकुन्तला तो दिन निकलने से पहले ही स्नान आदि से निवृत्त हो चुकी है। इधर तपस्विनियां हाथ में नीवार कण लेकर उसे आशीर्वाद दे रही हैं।

[दोनों आगे बढ़ती हैं।]

[तपस्विनियां शकुन्तला को आशीर्वाद देती दिखाई देती हैं।]

पहली तपस्विनी : *(शकुन्तला से)* वत्से ! पति तुम्हारा सम्मान करें और तुम्हें पटरानी पद पर सुशोभित करें।

दूसरी तपस्विनी : वत्से ! तुम वीर पुत्र को जन्म देने वाली बनो।

तीसरी तपस्विनी : वत्से ! तुम सदा पति की प्रिय बनी रहो।

[तीनों तपस्विनियां चली जाती हैं। गौतमी वहीं रहती हैं।]

दोनों सखियां : *(शकुन्तला के पास जाकर)* सखि ! तुम्हारा आज का यह स्नान तुम्हारे लिए निरन्तर फलने-फूलने वाला सिद्ध हो।

शकुन्तला : आओ सखियो ! तुम्हारा स्वागत है। आओ, बैठो।

[दोनों मंगल पात्र हाथ में लिये बैठ जाती हैं।]

दोनों : सखि ! अब ठीक से बैठ जाओ। हम अब तुम्हारा मंगल श्रृंगार करती हैं।

शकुन्तला : यह मेरे बड़े सौभाग्य की बात है। *(फिर निःश्वास लेकर)* इसके बाद फिर मुझे सखियों के हाथ का यह श्रृंगार कहां पहनने को मिलेगा ? *(सिसकने लगती है।)*

सखियां : सखी ! ऐसे शुभ अवसर पर रोते नहीं हैं।

[दोनों सखियां भी अपने आंसू पोंछकर शकुन्तला को सजाने का अभिनय करती हैं।]

प्रियंवदा : सखी ! जैसे तुम्हारा रूप है, उसके लिए बहुत ही सुन्दर आभूषण होने चाहिए थे। आश्रम में जुटायी गई इन शृंगार सामग्रियों से तुम्हारा क्या शृंगार हो सकता है ?

[तभी हाथों में उपहार लिये दो ऋषिकुमारों का प्रवेश]

ऋषिकुमार: *(आभूषण देते हुए।)* यह लीजिए, आभूषण। इनसे देवी का शृंगार कीजिए।

[आभूषण देखकर सभी चकित-सी होती हैं।]

गौतमी : वत्स नारद ! यह सब तुम को कहां से मिल गये?

शिष्य : पिता कण्व के प्रभाव से प्राप्त हुए हैं।

गौतमी : क्या उन्होंने अपने तप-बल से तत्काल उत्पन्न किए हैं ?

अन्य शिष्य: नहीं, ऐसा नहीं है। सुनिए, पूज्य महात्मा कण्व ने हमें निर्देश दिया था कि हम शकुन्तला के शृंगार के लिए लता-वृक्षों से फूल-पत्ते ले आयें।

तो इस पर–

किसी वृक्ष ने शुभ मांगलिक वस्त्र दे दिया, किसी ने पैरों में लगाने की महावर दे दी और वनदेवियों ने तो कोंपलों से प्रतिस्पर्द्धा करके वृक्षों में से कलाई तक अपने हाथ निकाल कर बहुत से आभूषण दे डाले।

प्रियंवदा : *(शुकन्तला को देखकर)* सखी ! ये लक्षण यही प्रकट करते हैं कि पति के घर में तुम राजलक्ष्मी बनकर समस्त सुखों का उपयोग करोगी।

[शकुन्तला लज्जा का अभिनय करती है।]

पहला शिष्य : गौतम, आओ चलो ! हमारे कुलपति कण्व स्नान करके पधार गये हैं। इन वनस्पतियों ने जो सेवा की है उनके प्रति यह सब निवेदन करें।

दूसरा शिष्य : हां, चलो।

[दोनों का प्रस्थान]

सखियां : सखी ! हमने तो कभी आभूषण देखे ही नहीं, पहनना तो दूर रहा।

किन्तु चित्रों में जिस प्रकार हमने देखा है उसी प्रकार इनको हम तुम्हारे शरीर में सजा देते हैं।

शकुन्लता : तुम लोगों की निपुणता को मैं भली-भांति जानती हूं। तुम्हारा कार्य कभी अन्यथा नहीं होता।

[सखियां आभूषण पहनाने का अभिनय करती हैं।]

[दृश्य परिवर्तन]

[स्नान करके लौटते हुए कण्व ऋषि का प्रवेश।]

कण्व : आज शकुन्तला यहां से चली जायेगी, इस उत्कण्ठा से ही मेरा हृदय बैठा-सा जा रहा है। निरन्तर प्रवहमान आंसुओं को रोकते हुए मेरा गला इतना रुंध गया है कि मुंह से शब्द नहीं निकल पा रहे हैं और इसी चिन्ता में मेरी आंखें भी धुंधली पड़ गई हैं। जब मुझ जैसे वनवासी को इतनी व्यथा हो रही है तब उन बेचारे गृहस्थियों को कितना कष्ट होता होगा, जो पहले-पहल अपनी कन्या को विदा करते होंगे।

[इस प्रकार कहकर घूमते हैं।]

सखियां : शकुन्लता ! तुम्हारा श्रृंगार तो हमने जैसे-तैसे पूरा कर ही दिया है, अब तुम यह रेशमी वस्त्रों का जोड़ा स्वयं ही पहन लो।

[शकुन्तला उठकर कपड़े पहनने लगती है।]

गौतमी : वत्से ! तात कण्व इधर ही आ रहे हैं। आनन्द के आंसुओं से झलकती हुई उनकी आंखों को देखकर जान पड़ता है कि मानो वे अपनी आंखों से तुम्हें ही गले लगा रहे हों। उन्हें प्रणाम तो करो।

शकुन्लता : *(लजाती हुई)* पिताजी ! प्रणाम।

कण्व : वत्से ! जैसे ययाति अपनी पत्नी शर्मिष्ठा का आदर करते थे वैसे ही तेरे पति भी तेरा आदर करें और शर्मिष्ठा के पुत्र पुरु के समान ही तुझे चक्रवर्ती पुत्र भी प्राप्त हो।

गौतमी : भगवन् ! यह तो आपने वरदान दिया है, आशीष नहीं।

कण्व : वत्से ! चलो, अग्नि में अभी आहुति पड़ी है, चलकर उसकी प्रदक्षिणा कर लो।

[सब प्रदक्षिणा करते हैं।]

कण्व : *(ऋग्वेद के छन्द में आशीर्वाद देते हैं)*–

अमी वेदि परितः क्लृप्तधिष्ण्या- समिद्वन्तः प्रान्तसंस्तीर्णदर्भा :

अपघ्नतौ दुरितं हव्यगन्धैर्वैतानास्त्वां वहनयः पावयन्तु ॥
अब चलो।

[इधर-उधर देखकर]

शर्ङ्रव आदि कहां हैं ?

शिष्य : *(प्रवेश करके)* भगवन् ! हम लोग तैयार खड़े हैं।

कण्व : जाओ ! अपनी बहन को पहुंचा आओ।

शार्ङ्रव : इधर से आओ देवी ! इधर से।

[सब घूमते हैं]

कण्व : वन-देवताओं से भरे हुए तपोवन के वृक्षो ! जो तुम्हें जल पिलाये बिना स्वयं कभी पहले जल नहीं पीती थी, जो आभूषण पहनने का शौक होने पर भी, तुम्हारे स्नेह के कारण तुम्हारे कोमल पत्तों को हाथ नहीं लगाती थी, जो तुम्हारी नई कलियों को देख-देखकर फूली नहीं समाती थी, वही शकुन्तला आज अपने घर जा रही है। तुम सब इसको प्रेम से विदा करो।

[कोयल की कूक सुनाई पड़ती है।]

[उसकी ओर संकेत करके]

कण्व : शकुन्तला के वन के साथी इन वृक्षों ने और अन्यान्य पक्षियों ने कोयल के शब्दों के माध्यम से उसको जाने की अनुमति दे दी है।

[आकाश में]

कल्याणमय हो इस शकुन्तला की यात्रा। इसके मार्ग में बीच-बीच में नीली कमलिनियों से भरे हुए ताल हों, नियम से थोड़ी-थोड़ी दूरी पर लगे हुए धूप से बचाने वाली घनी छांह वाले वृक्ष हों। धूल में कमल के पराग की कोमलता हो और मार्ग पर सुख देने वाला पवन बहता रहे।

[सब आश्चर्य से सुनते हैं।]

गौतमी : वत्से ! जो वन-देवियां तुम्हें सगे-सम्बन्धियों के समान प्रिय रही हैं, वे तुम्हें आशीर्वाद दे रही हैं। इन्हें प्रणाम तो कर लो।

शकुन्तला : *(प्रणाम करती है।)*
(घूमकर अलग प्रियंवदा से) सखी प्रियंवदा ! यद्यपि इस समय मुझे आर्यपुत्र के दर्शन को बड़ी उतावली हो रही है; फिर भी आश्रम को छोड़ते हुए मेरे पैर आगे नहीं बढ़ रहे हैं।

प्रियंवदा : केवल तुम्हीं तपोवन के विरह से दुःखी नहीं हो। ज्यों-ज्यों तुम्हारी विदाई की घड़ी पास आती जा रही है, त्यों-त्यों तपोवन भी उदास दिखाई पड़ता जा रहा है।

देखो–

हरिणियां अपने चबाये हुए कुश के कौर उगल रही हैं। मोरों ने नाचना छोड़ दिया है और लताओं से पीले-पीले पत्ते इस प्रकार झड़ रहे हैं मानो उनके आंसू गिर रहे हों।

शकुन्तला : *(स्मरण करके)* तात ! मैं अपनी लता रूपी बहन वन ज्योत्स्ना से मिलने जा रही हूं।

कण्व : हां, मैं जानता हूं कि तुम उसको अपनी सगी बहन के समान प्यार करती हो। वह देखो, वह रही, दाहिनी ओर। जाओ, उसके पास जाओ।

शकुन्तला : *(लता के पास जाकर और उससे लिपटकर)* प्यारी वन ज्योत्स्ना ! तू आम के वृक्ष से लिपटी होने पर भी अपनी इधर फैली हुई शाखाओं की बांहों में मुझसे भेंट तो ले। आज से तो मैं तुझसे बहुत दूर जा रही हूं।

कण्व : मैंने तेरे लिए जिस प्रकार के पति का संकल्प किया था, तूने अपने पुण्य प्रभाव से वैसा पति पा लिया है। और इस वन ज्योत्स्ना को भी आम का ठीक सहारा मिल गया है। अब मैं तुम दोनों की चिन्ता से छूट गया हूं।

आओ इधर से चली आओ।

शकुन्तला : *(सखियों से)* सखियो ! इस वन ज्योत्स्ना को मैं तुम दोनों के हाथ सौंपे जा रही हूं।

सखियां : और हम लोगों को किसके हाथ सौंपे जा रही हो ?

[रोने लगती हैं।]

कण्व : रोओ मत अनसूया ! उलटा तुम्हें तो चाहिए कि शकुन्तला को और धीरज बंधाओ।

[सब घूमते हैं।]

शकुन्तला : तात ! आश्रम में चारों ओर गर्भ के भार से अलसाती हुई चलने वाली इस हरिणी को जब सुख से बच्चा हो जाये तब किसी के द्वारा यह प्रिय समाचार मेरे पास अवश्य भिजवा दीजिएगा। भूलिएगा नहीं।

कण्व : नहीं, नहीं। हम यह समाचार भेजना कभी नहीं भूलेंगे।

[सब चलने का अभिनय करते हैं।]

शकुन्तला : *(चलने में रुकावट का अभिनय करती हुई)* अरे, कौन मेरा आंचल पकड़कर खींच रहा है ?

[पीछे घूमकर देखती है।]

कण्व : वत्से !
कुशा के कांटे से छिदे हुए जिसके मुख को ठीक करने के लिए उसे हिंगोट का तेल लगाया करती थीं, अपने हाथों से जिसको तुम नित्य मुट्ठी भर सांवे के दानों से पाला करती थीं, वही प्यारा तुम्हारा हिरण तुम्हारा मार्ग रोके खड़ा है।

शकुन्तला : वत्स ! अरे, मैं तो तुम सबका साथ छोड़कर जा रही हूं। तू मेरे साथ कहां पीछे-पीछे आ रहा है। तेरी मां जब तुझे जन्म देकर मर गई थी, उस समय मैंने तुझे पाल-पोसकर बड़ा किया था। अब मेरे पीछे पिताजी तुम्हारी देखभाल करेंगे। जा, लौट जा।

[रोती हुई आगे बढ़ती है।]

कण्व : वत्से !
धीरज रखकर अपने आंसू पोंछ डाल। इन आंसुओं के कारण तेरी उठी हुई बरौनियों वाली ये सुन्दर आंखें भी ठीक से देख भी नहीं पा रही हैं। इस प्रकार तो यहां की ऊबड़-खाबड़ धरती पर तेरे पैर उलटे-सीधे पड़ते जा रहे हैं। कहीं किसी पैर में मोच न आ जाये।

शार्ङ्रव : भगवन् ! सुना है कि प्रियजनों को विदा करते समय जलाशय तक पहुंचाकर लौट जाना चाहिए। अब सरोवर का तट आ गया है। इसलिए आपको महाराज दुष्यन्त के लिए जो कुछ सन्देश कहलाना हो, वह यहीं बताकर आप लोग आश्रम को लौट जाइए।

कण्व : तो चलो, इस पीपल की छाया में थोड़ा बैठ लिया जाये।

[सब घूमकर बैठ जाते हैं।]

कण्व : *(स्वगत ही बोलते हैं–)*
दुष्यन्त के अनुरूप कौन-सा सन्देश उनके पास भेजना चाहिए।

[सोचने का अभिनय करते हैं।]

शकुन्तला : (सखी से अलग में) सखी ! देख तो, कमलिनी के पत्ते की ओट में छिपे हुए अपने चकवे को न देख सकने से यह चकवी कैसे घबराकर चिल्ला रही है। यह तो अपशकुन है। इस लिए मैं जिस काम से जा रही हूं वह पूरा होता नहीं दिखाई देता।

अनसूया : सखि ! तुम्हें इस प्रकार नहीं सोचना चाहिए।
जानती हो–
यह चकवी भी अपने प्रिय से वियोग की लम्बी रातों को पति के बिना अकेली ही काट देती है। क्योंकि उस विरह के समय में भी इसको यह आशा बनी रहती है कि प्रातःकाल तो उसका अपने प्रिय से मिलन होगा ही।

कण्व : शार्ङ्रव ! शकुन्तला को दुष्यन्त के हाथ में सौंपते हुए उनको मेरी ओर से कहना–

शार्ङ्रव : *(बीच में ही)* जी हां, आज्ञा कीजिए।

कण्व : कहना कि–
राजन् ! हम लोग तो सीधे-साधे वन में रहने वाले संयमी तपस्वी लोग हैं और आप उच्च कुल के वंशज और राजपुत्र हैं। आपकी हमारी क्या तुलना। फिर भी आपने स्वयं ही इस कन्या का पाणिग्रहण किया है। इन सब बातों को ध्यान में रखकर आप कम-से-कम शकुन्तला को दूसरी रानियों के समान तो आदर प्रदान करेंगे ही।
इससे बढ़कर जो इसको सौभाग्य मिले वह इसके भाग्य की बात है। उसके लिए हम इस कन्या के निकटजन भला आपको क्या कह सकते हैं !

शार्ङ्रव : तात ! मैं आपका आशय समझ गया हूं।

कण्व : *(शकुन्तला की ओर संकेत करके उसे अपने पास बुलाते हैं।)*
वत्से ! आओ, तुम्हें कुछ सीख देनी है–
देखो, वन में रहते हुए भी हम लोग सांसारिक व्यवहार को भली-भांति जानते हैं।

शार्ङ्रव : ऐसी कौन-सी बात है जिसको विद्वान् लोग न जानते हों।

कण्व : वत्से ! जब तुम पति के घर में पहुंचो–
वहां पहुंचकर घर के सब बड़े-बूढ़ों की सेवा-सुश्रूषा करना। अपनी सपत्नियों से सखियों जैसा प्रेम करना। पति निरादर भी करे तो क्रोध के वश में होकर उनसे झगड़ा नहीं करना। दास-दासियों को बड़े प्यार से रखना, और कभी अपने सौभाग्य पर बहुत मत इतराना।
जो स्त्रियां अपने घर में इस प्रकार का आचरण करती हैं वे ही वास्तव में अच्छी गृहिणी होती हैं। और जो इसके विपरीत आचरण करती हैं वे खोटी स्त्रियां कहलाती हैं। उन स्त्रियों को कुल की नागिन माना जाता है।

क्यों गौतमी ! ठीक कहा न मैंने ?

गौतमी : कुलवधुओं के लिए इससे बढ़कर और क्या उपदेश होगा। वत्से ! ये सब बातें तुम गांठ बांध लो।

कण्व : वत्से ! आओ, मुझसे और अपनी सखियों से गले तो मिल लो।

शकुन्तला : तात ! क्या प्रियंवदा और अनसूया आदि सखियां यहीं से लौट जायेंगी ?

कण्व : वत्से ! इनका भी तो हमको विवाह करना है। इनका तुम्हारे साथ वहां जाना उचित नहीं है।
तुम्हारे साथ गौतमी जाएगी।

शकुन्तला : *(पिता के गले से लगकर)* पिता की गोद से अलग होकर, मलय पर्वत से उखाड़े हुए चन्दन के पौधों के समान मैं परदेश में पहुंचकर किस प्रकार अपना जीवन बिता पाऊंगी ?

कण्व : वत्से ! तुम क्यों इतनी अधीर हो रही हो ?
जब तुम उच्च कुल वाले पति की पटरानी होकर उनके घर के कामों में दिन-रात फंसी रहोगी और जैसे पूर्व दिशा सूर्य को उत्पन्न करती है, वैसे ही पवित्र पुत्र को तुम जन्म दोगी, उस समय तुम हमसे बिछुड़ने का सब दुःख स्वयं ही भूल जाओगी।

[शकुन्तला पिता के पैरों में पड़ती है।]

कण्व : *(आशीर्वाद देते हुए)* जो-जो मैंने तुम्हारे लिए इच्छा की है वह सब तुम्हें प्राप्त हो।

शकुन्तला : *(सखियों के पास जाकर)* सखियों ! आओ, तुम दोनों एक साथ मेरे गले लग जाओ।

सखियां : *(गले लगकर)* सखी ! देखो, यदि वे राजा तुम्हें पहचानने में भूल करें तो, उनके नाम वाली यह जो अंगूठी तुम्हारे पास है वह तुम उनको दिखा देना।

शकुन्तला : क्यों, ऐसा क्यों कह रही हो ? तुम्हारी इस सन्देह भरी बात ने तो मेरे जी में खटका-सा लगा दिया है।

सखियां : नहीं, नहीं, डरो मत। प्रेम में तो इस प्रकार होता ही है।

शार्ङ्रव : देवि ! दिन बहुत चढ़ आया है। अब आप जल्दी करिये।

शकुन्तला : *(आश्रम की ओर मुख करके)* तात ! अब आश्रम के फिर कब दर्शन हो पायेंगे ?

कण्व : सुनो–
चारों ओर फैली इस पृथ्वी की जब तुम बहुत दिन तक सौत बनकर रह लोगी और राजा दुष्यन्त को जब उनके समान ही अद्वितीय वीर पुत्र प्रदान कर, उसको राज्य और कुटुम्ब का भार सौंपकर

जब तुम अपने पति के साथ भ्रमण के लिए राजभवन से बाहर निकलोगी तो उस समय इस शान्त आश्रम में आकर सुख से निवास करना।

गौतमी : वत्से ! विदा की घड़ी बीतती जा रही है। अब पिताजी को वापस जाने दो।

(महर्षि कण्व से) आप अब लौट जाइए, अन्यथा यहां रहने पर तो यह यों ही कुछ-न-कुछ पूछती ही रहेगी।

कण्व : वत्से ! जाओ। अब हमें भी अपनी तपस्या में लगना है, उसके लिए विलम्ब हो रहा है।

शकुन्तला : *(एक बार फिर पिता से भेंट करके)* आप तो यों ही तप के कारण बहुत दुबले हो गए हैं, इसलिए आप मेरी किसी प्रकार की चिन्ता मत करियेगा।

कण्व : *(निःश्वास छोड़कर)* वत्से ! वलि के लिए तुमने जो नीवारकण बोये थे, कुटी के द्वार पर जब तक उनके अंकुर दिखाई देते रहेंगे, तब तक मेरा शोक किसी प्रकार भी कम नहीं हो सकता। जाओ, तुम्हारा मार्ग मंगलमय हो।

[साथियों के साथ शकुन्तला का प्रस्थान।]

दोनों सखियां : *(शकुन्तला को देखकर)* हाय, हाय ! शकुन्लता तो अब वृक्षों की ओट में ओझल हो गई है।

कण्व : *(लम्बी सांस लेकर)* अनसूया ! तुम्हारी सखी तो अब चली गई है। तुम अब यह रोना-धोना छोड़कर मेरे साथ आश्रम को लौट चलो।

दोनों सखियां : तात ! शकुन्तला के बिना शून्य के समान इस तपोवन में हम किस प्रकार प्रविष्ट हो पायेंगी ?

कण्व : स्नेह में तो इस प्रकार हुआ ही करता है।

(कुछ विचार करते हुए घूमकर) ओह ! शकुन्तला को उसके पति के घर भेजकर अब मेरा मन कुछ स्वस्थ-सा हुआ है।

क्योंकि–

कन्या तो सचमुच में ही पराई सम्पत्ति होती है। आज उसको भेजकर मैं कृतकार्य हुआ। उसे इस प्रकार भेजकर आज मेरा मन वैसे ही निश्चिन्त-सा हो गया है जैसे किसी की धरोहर लौटा देने पर होता है।

[इस प्रकार सब जाते हैं।]

[परदा गिरता है।]

पंचम अंक

[राजा आसन पर विराजमान हैं और साथ ही विदूषक बैठा हुआ है।]

विदूषक : *(कान लगाकर)* वयस्क ! सुनो तो, संगीतशाला की ओर कान लगाकर सुनो तो। कोई बड़े ही मधुर स्वर में लय और तान सहित सुन्दर गीत गा रहा है। ऐसा प्रतीत हो रहा है मानो साक्षात् महारानी हंसपदिका स्वर-सन्धान कर रही हों।

राजा : तुम चुप रहो तो मैं सुनूं।

[नेपथ्य में गीत]

मधु के लोभी ओ मधह्नकर।
नये-नये मधु के लोभ में,
एक ही बार में
मधुर मंजरी रसाल की
चूम गये तुम।
कमल कोश में निवास करने
वाले ओ मधुकर !
क्यों तुमने मुझको
बिसार दिया।

राजा : वाह ! इस राग में भी किस प्रकार प्रेम की धारा बहती लगती है।

विदूषक : किन्तु इस गीत में जो व्यंग्य निहित है उसको भी समझने का प्रयास किया है आपने ?

राजा : *(मुस्कुराते हुए)* हां, मैं समझ गया हूं। महारानी से मैंने केवल एक बार ही प्रणय निवेदन किया है। क्योंकि आजकल मैं देवी वसुमती से प्रेम करने लगा हूं, उसी को आधार बनाकर यह गीत गाया जा रहा है। सखे माढव्य ! तुम हंसपदिका के पास जाकर मेरी ओर से कहना कि आज तो तुमने बहुत ही मीठी चुटकी ली

है। उपालम्भ में बहुत निपुण हो।

विदूषक : *(उठकर)* जैसी आपकी आज्ञा। किन्तु मित्र ! जिस प्रकार अप्सराओं के हाथों में पड़कर बड़े-बड़े वैरागी जन और ऋषि भी नहीं छूट पाते हैं, वैसे ही जब वे अपनी दासियों से मेरी चोटी पकड़वाकर मुझे पीटने लगेंगी तो उस समय उनसे छुटकारा पाना मेरे लिए कठिन हो जाएगा।

राजा : जाओ, सन्देश देने में जरा चतुराई से काम लेना।

विदूषक : दूसरा और कोई उपाय भी तो नहीं है, जाना ही पड़ेगा।

[विदूषक चला जाता है।]

राजा : *(मन-ही-मन)* मेरे सभी निकट सम्बन्धी यहीं मेरे पास ही हैं फिर इस गीत को सुनकर न जाने मेरा यह मन अनमना-सा क्यों होता जा रहा है ?

अथवा–

सुन्दर-सुन्दर वस्तुओं को देखकर और मीठे-मीठे शब्द सुनकर जब मुज निन भी अनमने से हो जायें, तब तो फिर यही समझना चाहिए कि उनके मन में पिछले जन्म के प्रेमियों के जो संस्कार बैठे हुए हैं वे ही अपने आप जाग उठे होंगे।

[राजा यह सोचकर व्याकुल हो उठता है।]

[दृश्य परिवर्तन]

[उसी समय कंचुकी प्रविष्ट होता है।]

कंचुकी : आह, मेरी भी क्या दशा हो चली है–

जिस बेंत की छड़ी को कभी रनिवास के द्वारपाल का नियम मानकर हाथ में लिये रहा करता था वही अब इस वृद्धावस्था में मेरे लड़खड़ाते पैरों के लिए बड़ा आश्रय बन गई है।

यह तो ठीक है कि महाराज को धर्म कार्य करना चाहिए। इस समय वे अभी-अभी न्यायासन से उठकर गये हैं। लेकिन कष्ट देने के लिए ये कण्व के शिष्य आ धमके हैं। इनके आने की सूचना देने को मेरा मन तो करता नहीं है। किन्तु क्या करूं, राजकर्मचारी को कहां विश्राम ! राजा को भी प्रजा के शासन में विश्राम कहां मिलता है।

क्योंकि...

सूर्य भी तो एक ही बार अपने रथ को जोतकर अब तक निरन्तर चलता ही रहा है। शेषनाग भी पहले ही दिन से पृथ्वी का भार

अपने सिर पर निरन्तर उठाये हुए हैं। यही दशा राज-कर के रूप में उपज का षष्ठांश लेने वाले राजा की है। इसलिए चलूं, मैं भी अपना कर्तव्य पालन करूं।

[इधर-उधर देखकर]

हां, बैठे हैं महाराज।

अपनी प्रजा को अपनी सन्तान के समान मानकर उसका कार्य करने के उपरान्त थक जाने पर ये महाराज यहां पर एकान्त में, उसी प्रकार विश्राम कर रहे हैं जैसे दिन की धूप से तपा हुआ गजराज हाथियों के झुण्ड को चरने के लिए छोड़कर स्वयं ठण्डे स्थान में विश्राम लेता है।

[राजा के समीप जाकर]

महाराज की जय हो ! महाराज ! हिमालय की उपत्यकाओं में निवास करने वाले कुछ तपस्वी लोग महर्षि कण्व का सन्देश लेकर और साथ में दो स्त्रियों को लिये हुए आये हुए हैं। अब आप जैसा ठीक समझें, आज्ञा कीजिए।

राजा : *(आदर-सा व्यक्त करता हुआ)* क्या महर्षि कण्व का सन्देश लेकर कोई तपस्वी आये हैं ?

कंचुकी : जी हां।

राजा : तो तुम कुल पुरोहित सोमरात जी को मेरी ओर से कहो, वे इन आश्रमवासियों का वैदिक परम्परा से उचित आदर-सत्कार कर उन्हें अपने साथ मेरे पास लिवा आवें।

मैं भी तब तक वहां पर चलकर बैठता हूं, जहां कि ऋषि गणों से मिलना उपयुक्त होगा।

कंचुक़ी : जैसी महारा की आज्ञा।

[प्रस्थान]

राजा : *(उठकर)* बेत्रवति ! चलो, हमें यज्ञशाला की ओर ले चलो।

प्रतिहारी : महाराज ! आइए, इधर आइए।

राजा : *(उधर घूमता है, फिर राज-काज की कठिनाइयों का वर्णन करता हुआ कहता है।)* मनचाहा सब कुछ प्राप्त हो जाने पर अन्यान्य जीवों को तो बहुत सुख की अनुभूति होती है। परन्तु हम जैसे लोगों की जब राजा बनने की इच्छापूर्ण हो जाती है तो देखते हैं कि उसके बाद भी कष्ट-ही-कष्ट हाथ लगता है।

क्योंकि–

राजा बनकर बड़ा प्रतिष्ठित हो जाने से राजा के मन की उमंग तो पूर्ण हो जाती है; किन्तु जब राज-काज करना पड़ता है, तब जो कष्ट होता है, उसमें तो समझो कि छठी का दूध स्मरण हो आता है। अतः राज्य तो ऐसा है जैसे कि छतरी की मूंठ हाथ में ले लेने से विश्राम तो क्या मिलता है, विपरीत इसके छतरी को वहन करने का परिश्रम और करने से थकावट ही अधिक होती है।

[दृश्य परिवर्तन]

[नेपथ्य में]

दो वैतालिक : महाराज की जय हो।

प्रथम वैतालिक : अपने सुख की अभिलाषा छोड़कर आप निरन्तर प्रजा की भलाई में ही संलग्न रहते हैं। अथवा यह कि इस प्रकार करने से आप अपने धर्म का ही पालन कर रहे हैं। यह ठीक उसी प्रकार है जिस प्रकार कि वृक्ष अपने सिर पर तो कड़ी धूप सहता रहता है किन्तु जो जीव उसके तले आकर बैठ जाता है उसको तो वह छाया ही प्रदान करता है।

दूसरा वैतालिक : और भी–

जो लोग कुमार्ग पर चलते हैं, जो दुष्ट हैं, उनको तो आप अपने राजदण्ड से नियन्त्रित करते हैं। परस्पर विवाद करने वालों के विवादों का आप निबटारा कर देते हैं। इस प्रकार आप प्रजा की रक्षा के लिए तत्पर रहते हैं। जिनके पास बहुत-सा धन-दौलत है उनके तो बहुत से सगे-सम्बन्धी होते हैं या फिर उनके सम्बन्धी बन भी जाते हैं। किन्तु जन-साधारण के तो आप ही सब कुछ हैं। उनका और कौन होता है इस संसार में।

राजा : *(सुनकर)* इनकी बातें सुनकर तो मेरा क्लान्त मन भी प्रफुल्लित हो गया है।

[घूमता है।]

प्रतिहारी : *(राजा से)* महाराज ! यज्ञशाला की बैठक इधर है। यह देखिये, इसको झाड़-बुहारकर सुन्दर साफ-सुथरा किया हुआ है। इसके समीप ही हवन के लिए प्रयोग में लाने के लिए दूध देने वाली गाय भी बंधी हुई है। आइये महाराज ! अपने इस बैठने के स्थान पर चढ़ जाइये।

राजा : *(ऊपर चढ़कर परिचारकों के कन्धों का आश्रय लेकर खड़ा होता*

है।) वेत्रवति ! समझ में नहीं आ रहा है कि भगवान कण्व ने किस उद्देश्य से मेरे पास अपने ऋषियों को भेजा होगा?
क्या कहीं उपद्रवी राक्षसों ने इस घोर तप करने वाले ऋषियों के तप में फिर से बाधा डालना तो आरम्भ नहीं कर दिया है। अथवा धर्म में प्रवृत्त इन तपोवन के प्राणियों को किसी ने सताया तो नहीं है। अथवा क्या मेरे पापों के कारण तपोवन की लताओं और वृक्षों का फलना-फूलना तो बन्द नहीं हो गया है। इस प्रकार न जाने मेरे मन में कितनी ही प्रकार की आशंकायें उठने लगी हैं। मैं ठीक-ठीक अनुमान नहीं लगा पा रहा हूं, इस कारण मेरा मन बड़ा ही व्याकुल हो रहा है।

प्रतिहारी : महाराज ! आप ऐसा क्यों सोचते हैं ? मेरा मन तो यही कहता है कि ये ऋषि लोग तो महाराज के धर्म-पालन के कार्यों से प्रसन्न होकर महाराज को बधाई देने के लिए पधारे होंगे।

[कंचुकी और पुरोहित के साथ शकुन्तला को आगे किये हुए गौतमी और ऋषियों का प्रवेश।]

कंचुकी : *(उन्हें मार्ग दिखाते हुए)* आइये, आप लोग इधर से आइये।

शार्ङ्रव : शारद्वत !
यह तो निश्चित है कि ये राजा इतने धर्मात्मा हैं कि उन्होंने अपनी मर्यादा का कभी उल्लंघन नहीं किया। यहां तक कि इनके राज्य में जो कोई निम्न वर्ण के जन हैं वे भी कभी कोई अधर्म का कार्य नहीं करते। तदपि इतने लोगों से भरे हुए इस भवन को देखकर ऐसा जान पड़ता है कि मानो यहां आग की लपटें उठ रही हों। मेरा एकान्तप्रिय मन तो इस समय भी ऐसा कह रहा है कि किसी प्रकार यहां से निकलकर भाग खड़ा होऊं। ऐसा क्यों हो रहा है ?

शारद्वत : क्योंकि आप सामान्यता तपोवन में ही रहते हैं। नगर में आने पर ऐसा होना स्वाभाविक है।
मैं भी–
सांसारिक भोगों में लिप्त इन लोगों के विषय में कुछ ऐसी ही हीन भावना रखता हूं कि जैसे स्नान किया हुआ पुरुष तेल लगाये हुए को, पवित्र व्यक्ति अपवित्र व्यक्ति को और जागता हुआ व्यक्ति सोते हुए को समझता है।

शकुन्तला : *(बुरा शकुन बताकर)* अरे, मेरी यह दाहिनी आंख क्यों फड़कने लगी ?

गौतमी : *(उसे आश्वासन देती हुई)* बेटी, तेरे ! अपशकुन दूर हों। तेरे पति-कुल के देवता तेरा कल्याण करें।

[घूमती है।]

पुरोहित : *(राजा की ओर संकेत करके)* तपस्वी महानुभावो ! देखिये, वर्णाश्रम धर्म का पालन करने वाले महाराज तो पहले से ही आप लोगों के स्वागत में अपना आसन छोड़कर खड़े होकर आप लोगों के आने की बाट जोह रहे हैं।

शार्ङ्रव : राजपुरोहित जी ! यह तो हम समझते हैं कि ये महाराज प्रशंसा के योग्य हैं। परन्तु हमारे लिए यह कोई बड़ी बात नहीं है। क्योंकि–

फल लगने पर पेड़ तो झुका ही करते हैं, नये-नये जल से भरे हुए बादल नीचे की ओर ही झुकते हैं और उसी प्रकार जो सज्जन होते हैं वे धन-मान पाने पर नम्र ही होते हैं, उद्धत नहीं। परोपकारियों का तो यह स्वभाव ही होता है। इसीलिए हमने कहा है कि यह कोई नई बात नहीं है।

प्रतिहारी : *(महाराज से)* महाराज ! ऋषि लोग प्रसन्न वदन दिखाई पड़ते हैं। इससे यही अनुमान लगाया जा सकता है कि ये लोग किसी शुभ कार्य के निमित्त ही यहां पधारे हैं।

राजा : *(शकुन्तला को देखकर)* यह देवी–

पीले पत्तों में नई कोंपल के समान दिखाई देने वाली, इन तपस्वियों के मध्य में ये कौन हो सकती है ? घूंघट के कारण इसकी सुन्दरता कुछ ठीक प्रकार से खुल नहीं पा रही है। तदपि ये तपस्वियों से कुछ अलग ही हैं।

प्रतिहारी : महाराज ! कौतूहल तो मुझे भी हो रहा है, मैं भी यही जानना चाह रही हूं। किन्तु कुछ समझ नहीं पा रही हूं। तदपि जो कुछ भी दिखाई देता है उससे तो यही अनुमान लगाया जा सकता है कि यह है बहुत ही सुन्दर।

राजा : तुम्हारा कहना ठीक हो सकता है। परन्तु पराई स्त्री पर इस प्रकार से दृष्टि डालना उचित नहीं है।

शकुन्तला : *(हृदय पर हाथ रखकर स्वयं मन-ही-मन)* अये हृदय ! तुम इस प्रकार कांप क्यों रहे हो ? आर्यपुत्र के प्रेम का ध्यान करके ही सही, कुछ तो धीरज धारण करो।

पुरोहित : *(आगे बढ़कर)* महाराज ! मैंने इस तपस्वियों की विधिवत् अर्चना कर दी है। इनका आदर-सत्कार किया जा चुका है। इनके गुरु महाराज ने इनके माध्यम से कोई सन्देश भिजवाया है। वह आप ही के लिए है, अतः उसे आप ही सुन सकते हैं।

राजा : मैं धन्य हुआ।

ऋषिगण : *(हाथ उठाकर)* महाराज की जय हो !

राजा : मैं आप सब लोगों का अभिवादन करता हूं।

ऋषिगण : आपकी मनोकामना पूर्ण हो।

राजा : सुनाइये, ऋषि लोग निर्विघ्न रूप से तप करते हैं न ?

ऋषिगण : हम सब निर्विघ्न तप करते हैं।

क्योंकि–

जहां आपके सदृश तेजस्वी राजा पृथ्वी की रक्षा करने के लिए उद्यत हो वहां सज्जनों के धर्मकार्यों में भी भला कोई विघ्न डाल सकता है ?

सूर्य के विद्यमान रहते हुए कहीं अंधेरा पास भी फटक सकता है ?

राजा : आपकी ओर से आश्वस्त होकर आज मेरा राजा कहलाना सार्थक हो गया है।

हां, यह तो बताइये कि संसार के कल्याण में रत महर्षि कण्व कुशल से तो हैं न ?

ऋषिगण : महाराज ! कुशलता तो उन जैसे सिद्ध पुरुषों के हाथ में ही रहती है। उन्होंने आपका कुशल समाचार पूछकर यह कहलाया है···

राजा : *(बीच में ही)* हां, हां ! उन्होंने क्या आज्ञा दी है ?

शार्ङ्रव : उन्होंने कहलाया है कि आपने मेरी कन्या से जो गन्धर्व रीति से गुपचुप विवाह कर लिया है उसे जानकर मैं प्रसन्न हुआ हूं।

क्योंकि–

आदरणीयों में आप सबसे अग्रणी समझे जाते हैं और शकुन्तला पुण्य क्रिया की साक्षात् मूर्ति ही है। आज बहुत दिनों बाद ब्रह्मा ने एक समान गुण वाले वर-वधू युगल का चयन करके स्वयं को दोषी कहलाने से बचा लिया है।

तब आप इस गर्भवती को अपनी सहधर्मिणी बनाकर ग्रहण कीजिए।

गौतमी : आर्य ! मैं भी कुछ कहना चाहती हूं। यद्यपि आप लोगों के मध्य में मुझे कुछ बोलना नहीं चाहिए, तदपि कहती हूं–

क्योंकि–

न तो इस शकुन्तला ने ही अपने बड़ों से कुछ कहा-सुना और न आपने ही इसके सगे-सम्बन्धियों से कोई पूछताछ की। इसलिए जब आप दोनों ने परस्पर अकेले में ही सब कुछ निश्चित कर लिया तो फिर भला मैं आप दोनों से कहूं भी, तो क्या कहूं।

शकुन्तला : *(मन-ही-मन)* देखें, अब आर्यपुत्र क्या उत्तर देते हैं।

राजा : आप लोग यह क्या कह रहे हैं ?

शकुन्तला : *(मन-ही-मन)* इनका इस प्रकार बोलना क्या है, मानो अग्नि

निकल रही हो।

शार्ङ्रव : आप तो लोकाचार की सब बातें जानते हैं, तब फिर इस प्रकार की बात क्यों कह रहे हैं ?

क्योंकि–

जो सुहागिन स्त्री अपने पिता के घर पर रहती है, वह भले ही कितनी ही पतिव्रता क्यों न हो फिर भी उसके विषय में लोग इधर-उधर की बातें कर ही देते हैं। इसलिए यह युवती आश्रमवासियों की सबकी दुलारी ही क्यों न हो तदपि उसके अपने सगे-सम्बन्धी तो यहीं चाहते हैं कि यह अपने पति के समीप ही जाकर रहे।

राजा : क्या इन देवी के साथ कभी पहले मेरा विवाह हो चुका है ?

शकुन्तला : *(दुःख से भरकर मन-ही-मन)* ऐ मेरे हृदय ! तुमको जो सन्देह हो रहा था वह सब अब सामने आने लगा है।

शार्ङ्रव : क्या अब आपको अपने किये पर पश्चात्ताप हो रहा है अथवा कि आप अपने कृर्तव्य से विमुख हो रहे हैं या फिर अपने किये हुए को जान-बूझकर भुला देना चाहते हैं ?

राजा : आप यह क्या कह रहे हैं, मैं कुछ समझ नहीं पा रहा हूं। यह झूठी कल्पना आप लोगों के मन में किस प्रकार उठी ?

शार्ङ्रव : जो लोग ऐश्वर्य से मदमत्त हो जाते हैं उनके ही इस प्रकार के विचार प्रायः देखने को मिलते हैं।

गौतमी : *(शकुन्तला से)* वत्से ! थोड़े समय के लिए लाज-शरम छोड़ दो। आओ, मैं तुम्हारा घूंघट उठाती हूं। इससे तुम्हारे पति तुमको पहचान तो लेंगे।

[ऐसा कहकर शकुन्तला का घूंघट उठाती है।]

राजा : *(शकुन्तला को ध्यान से देखकर मन-ही-मन)–*

मैं ठीक-ठीक नहीं समझ पा रहा हूं कि यह जो रूपवती, अत्यन्त शोभावाली सुन्दरी यहां पर स्वयमेव आ गई है, इसके साथ मैंने पहले कभी विवाह किया भी है अथवा नहीं। इसीलिए मेरी तो इस समय वैसी ही गति हो रही है जैसी कि प्रातःकाल में ओस पड़े हुए कुन्द के फूल पर भ्रमर न तो बैठ ही पाता है और न उसे छोड़कर अन्यत्र ही जा सकता है, वही मेरी दशा है। मैं भी न तो इसे ग्रहण कर पा रहा हूं और न छोड़ ही पा रहा हूं। *(इस प्रकार विचार करता रहता है।)*

प्रतिहारी : *(मन-ही-मन)* हमारे महाराज बड़े धर्मात्मा हैं। अन्यथा इतनी सुन्दर रूपवती कन्या के स्वयं ही यहां उनके पास चले आने पर कौन भला इसके विषय में आगा-पीछा सोचता ?

शार्ङ्रव : क्यों महाराज ! आप चुप क्यों हो गये ?

राजा : तपस्वियो ! मैंने बार-बार स्मरण करने का यत्न किया है किन्तु आपकी इन देवी के साथ विवाह करने की बात मेरी स्मृति में किसी प्रकार भी नहीं आ रही है। तब फिर आप ही बताइये कि इस गर्भवती के स्पष्ट लक्षणों वाली देवी को मैं स्वीकार करके किसी अन्य से गर्भ धारण कराने वाली स्त्री का पति कहलाने का अपयश किस प्रकार ले सकता हूं ?

शकुन्तला : *(मन-ही-मन)* आर्यपुत्र को तो अब विवाह में ही सन्देह होने लगा है। तब जो मैंने इनसे अन्यान्य बड़ी-बड़ी आशायें बांधी हुई थीं उनके विषय में तो सोचना ही व्यर्थ है।

शार्ङ्रव : ठीक है, आप इसे मत स्वीकार करिये—
ऐसे ऋषि का भी आपको अपमान करना ही चाहिए कि जिसने आपके साथ ऐसी भलाई की हो कि उनकी जिस कन्या को तुमने छल से दूषित कर दिया था उसे वे तुम्हें योग्य पात्र समझकर उसी प्रकार सौंप रहे हैं जिस प्रकार कोई अपनी चोरी गई वस्तु के चोर के पास मिल जाने पर फिर उसे चोर को ही लौटाकर दे देता है।

शारद्वत : शार्ङ्रव ! अच्छा, अब तुम कुछ समय के लिए चुप रहो।
(शकुन्तला से) शकुन्तला ! हमें तो जो कुछ कहना था अथवा जितना हम अपनी ओर से कह सकते थे, वह सब हमने कह कर देख लिया है। किन्तु राजा पर उसका कोई प्रभाव होता दिखाई नहीं देता। इसलिए अब तुम ही किसी प्रकार इनको विश्वास दिलाओ कि जो कुछ हम कह रहे हैं वह सब सत्य है।

शकुन्तला : *(मन-ही-मन)* जब राजा कुछ भी स्मरण करने को तैयार नहीं हो रहे हैं, तब मैं उस प्रेम की सुधि दिलाकर क्या करूंगी जो इन्होंने उस समय प्रकट किया था। अब तो मुझे अपने दुर्भाग्य को कोसना भर ही रह गया है।
(प्रकट में) आर्यपुत्र ! *(इतना कहकर फिर रुक जाती है। वह मन-ही-मन सोचती है)* किन्तु जब इन्हें हमारे विवाह में ही सन्देह हो रहा है तो फिर इनको इस प्रकार सम्बोधन करना ठीक नहीं।
(पुनः सम्बोधित करती है) पुरुराज ! मुझ भोली-भाली को आश्रम में अपनी मीठी-मीठी बातों के जाल में फुसलाकर अब मेरे सामने आने पर इस प्रकार निरादर करना आप जैसे राजा को शोभा नहीं देता।

राजा : *(कान मूंदकर)* शान्तं पापम्।
क्या कह रही हो—

अपने स्वच्छ जल को गंदला करने के लिए तीर पर खड़े वृक्ष को ढहाने वाली और तट को बहाकर ले जाने वाली नदी के समान व्यवहार कर आप अपने भी कुल को क्यों कलंकित करना चाहती हैं और क्यों मुझे विनाश की ओर ले जाना चाहती हैं ?

शकुन्तला : अच्छा, यदि आप वास्तव में मुझे पराई स्त्री ही समझ बैठे हैं तो मैं आपके सन्देह के निवारण के लिए आपको यह आपकी पहिचान दिखाती हूं।

राजा : हां, हां, दिखाइये।

शकुन्तला : *(अपनी अंगुली टटोलकर)* हाय दुर्भाग्य ! मेरी अंगुली में पड़ी अंगूठी कहाँ चली गई ?

(इस प्रकार बड़े दुःख से गौतमी की ओर देखती है।)

गौतमी : *(कुछ सोचकर)* सभ्यवता जिस समय शक्रावतार में तुम शचीतीर्थ के जल को प्रणाम कर रही होगी, उस समय तुम्हारी अंगुली से अंगूठी निकलकर पानी में जा पड़ी होगी।

राजा : *(मुस्कुराकर)* यह कहावत ठीक ही है कि स्त्रियों में त्वरित बुद्धि होती है।

शकुन्तला : मेरे दुर्भाग्य ने तो यहां पर भी मेरा पीछा नहीं छोड़ा। अच्छा, दूसरी बात बताकर देखती हूं।

राजा : दिखाने की बात समाप्त हुई, अब सुनाने की बात आ गई है।

शकुन्तला : आपको स्मरण होगा कि एक दिन आप हमारे आश्रम की नवमालिका के कुंज में अपने हाथ में पानी से भरा कमल के पत्ते का दोना लिये हुए थे।

राजा : हां, हां, कहती चलिए। मैं सुन रहा हूं।

शकुन्तला : उसी समय वहां पर मेरा पुत्र के समान पाला हुआ दीर्घपांग नाम का हरिण शावक भी आ पहुंचा था। आने उस पर दया करके कहा था–'पहले इसे जल पी लेने दो।'

यह कहकर आप उसे जल पिलाने लगे थे। किन्तु आपसे परिचित न होने के कारण वह आपके समीप आया ही नहीं। तब मैंने आपके हाथ से दोना लेकर उसको जल पिलाया तो वह पीने लगा था। उस समय आपने हंसकर कहा था कि अपने सगे-सम्बन्धियों को सभी पहचानते हैं, तुम दोनों वनवासी हो न ?

राजा : आप जैसी अपना काम सिद्ध करने वाली स्त्रियों की इस प्रकार की झूठी और मीठी-मीठी बातों में कामी जन ही फंसा करते हैं।

गौतमी : महाभाग ! इस प्रकार बात करना आपको उचित नहीं है। तपोवन में पली यह कन्या, इस प्रकार के छल-कपट से सर्वथा अनभिज्ञ है।

राजा : वृद्धा तपस्विनी महोदया ! देखिये–

जो मानवी स्त्रियां नहीं हैं, वे भी बिना सिखाये-पढ़ाये बड़ी चतुर हो जाती हैं, फिर इस प्रकार की समझदार स्त्रियों का तो कहना ही क्या ? क्या आप यह नहीं जानतीं कि कोयल, जिसका स्वर सबको बड़ा मधुर लगता है, वह इतनी चतुराई दिखाती है कि जब तक उसके बच्चे उड़ने लायक नहीं हो जाते तब तक वह उनको दूसरे पक्षियों के घोंसलों में रखकर उनसे ही उनका पालन-पोषण करवाती है। यह तो आप भी जानती ही होंगी।

शकुन्तला : *(क्रोध से)* अनार्य ! तुम तो सबको अपने समान ही समझकर खोटा सिद्ध करना चाहते हो, इस संसार में तुम्हें छोड़कर और कौन ऐसा नीच होगा जो घास-फूस से ढके हुए कुएं के समान धर्म का ढोंग रचकर ऐसा निकृष्ट कार्य कर सके।

राजा : *(मन-ही-मन)* इसका क्रोध देखकर तो मेरे मन में सन्देह होने लगा है इसलिए मेरा मन और भी सन्देह में पड़ता जा रहा है। क्योंकि–

ठीक स्मरण न आने से अकेले में किए हुए प्रेम को जो मैंने इतनी कठोरता से अस्वीकार कर दिया है, उस पर क्रोध-से लाल-लाल आंखें करके अत्यन्त क्षब्ध होकर शकुन्तला ने जो भौंहे चढ़ा ली हैं उन्होंने इस समय कामदेव के धनुष को भी दो टूक कर डाला है।

[प्रकट में]

भद्रे ! दुष्यन्त के कृत्यों से सारा संसार भली-भांति परिचित है। किन्तु इस प्रकार की बात तो आज तक भी नहीं सुनी गई है।

शकुन्तला : तुमने मुझे कुचाली स्त्री बनाकर शायद ठीक ही किया है। क्योंकि ऊंचे कुल के धोखे में आकर मैं ऐसे नीच के हाथ में जा पड़ी जिसके मुंह में तो मधु है किन्तु हृदय में विष भरा पड़ा है।

[आंचल से मुख ढंककर रोने लगती है।]

शार्ङ्रव : बिना सोचे-समझे जो काम किया जाता है, उसमें इसी प्रकार दुःख भोगना पड़ता है।

इसलिए–

गुप्त प्रेम बहुत सोच-विचार कर करना चाहिए। क्योंकि बिना जाने-बूझे स्वभाव वाले के साथ जो मित्रता की जाती है वह एक-न-एक दिन शत्रुता बनकर रह जाती है।

राजा : श्रीमान जी ! आप इस देवी की बात पर विश्वास करके इस प्रकार की बातें कहकर हम पर क्यों दोषारोपण कर रहे हैं।

शार्ङ्रव : *(क्रोध से अपने साथियों को)* आप लोगों ने इनकी उलटी बातें सुनीं ?

जिसने जन्म से लेकर आज तक छल का नाम भी न सुना हो उसकी बातों को तो झूठ समझा जाये और जिस राजा ने दूसरों को धोखा देने की चालें विद्या के साथ ही सीखी हों, उनको सत्यवादी समझा जाये।

राजा : अच्छा सत्यवादी जी ! आप जो कहते हैं, यह मान लेते हैं कि हम ऐसे ही हैं। किन्तु आप यह तो बताइये कि इस देवी को छल करके हमको क्या मिलने वाला है ?

शार्ङ्रव : पतन।

राजा : पुरुवंशी पतन के मार्ग पर जायेंगे, इस बात को कौन स्वीकार कर सकता है ?

शारद्वत : शार्ङ्रव ! इस प्रकार वाद-विवाद से क्या लाभ होने वाला है ? गुरुजी महाराज का जो सन्देश था वह तो हमने इनको दे दिया है इसलिए हमको अब यहां से लौट जाना चाहिए।

[राजा को लक्ष्य करके]

राजन् ! यह आपकी पत्नी है। इसे आप आदर से रखिये अथवा घर से निकाल दीजिये। क्योंकि पति का तो अपनी पत्नी पर सब प्रकार का अधिकार होता है।

गौतमी : चलो, तुम आगे-आगे चलो।

[प्रस्थान करते हैं।]

शकुन्तला : क्यों, इस धूर्त ने तो मुझे छला ही है और अब आप लोग भी मुझको छोड़कर चले जा रहे हैं ?

[वह भी उनके पीछे-पीछे जाने लगती है।]

गौतमी : *(रुककर)* वत्स शार्ङ्रव ! देखो, शकुन्तला तो रोती हुई हमारे पीछे ही चली आ रही है। अब तुम ही बताओ कि ऐसे निर्दयी व्यक्ति द्वारा ठुकराये जाने पर आखिर मेरी पुत्री करे भी, तो क्या करे ?

शार्ङ्रव : *(क्रोध से उसकी ओर लौटकर)* क्यों री दुष्टा ! क्या तू अपनी मनमानी करना चाहती है।

[शकुन्तला भय से कांप उठती है।]

शार्ङ्रव : शकुन्तला ! सुन–

यदि राजा जो कह रहा है वह सत्य है तो तुझ जैसी कुलकलंकिनी का पिता के घर में कोई काम नहीं है। और यदि तू स्वयं को पवित्र समझती है तो तुझे दासी बनकर भी अपने पति के घर

में ही रहना चाहिए।
तुम यहीं ठहरो। हम जाते हैं।

राजा : तपस्वी जी महाराज ! आप इस बेचारी को क्यों व्यर्थ में धोखे में डाल रहे हैं,
क्योंकि–
जिस प्रकार चन्द्रमा केवल कुमुदों को ही खिलाता है और सूर्य केवल कमलों को ही खिलाता है, उसी प्रकार जितेन्द्रिय लोग पराई स्त्री को स्पर्श तक करने की इच्छा नहीं करते।

शार्ङ्रव : जब तुम अपनी पहली रानियों के पास जाकर अपनी पिछली बात भूल सकते हो तो तुम्हें अधर्म से भी क्या डर हो सकता है ?

राजा : *(अपने पुरोहित से पूछता है)* इस अवस्था में मैं आपसे ही ऊंच-नीच के विषय में पूछता हूं।
क्योंकि–
या तो मैं भूल गया हूं, या फिर ये ही झूठ बोल रही है। इस अवस्था में मैं अपनी पत्नी को छोड़ने का पाप करूं या कि पराई स्त्री को स्पर्श करने का पाप अपने सिर पर लूं ?

पुरोहित : *(कुछ विचारकर)* यदि इस प्रकार की बात है तो फिर आप एक काम करिये।

राजा : हां, बताइये।

पुरोहित : जब तक इनका प्रसव नहीं हो जाता तब तक ये देवी मेरे घर पर रहें।
आप जानना चाहेंगे कि मैं क्यों ऐसा कह रहा हूं।
क्योंकि ऋषि-मुनियों ने तो आपको पहले ही आशीर्वाद दिया हुआ है कि आप के घर में चक्रवर्ती पुत्र उत्पन्न होगा। यदि शकुन्तला से उत्पन्न कण्व ऋषि के नाती में चक्रवर्ती राजा के सारे लक्षण मिल गये तब तो आप इनको सादर अपने रनिवास में स्थान दीजियेगा और यदि वे लक्षण न मिले तो इनके पिता के पास वापस भिजवा दीजियेगा।

राजा : गुरुजी ! जैसा आपको उचित प्रतीत होता हो, वह कीजिये।

पुरोहित : *(शकुन्तला)* बेटी ! आओ, मेरे साथ चली आओ।

शकुन्तला : *भगवती वसुन्धरे* ! तू फट जा और मैं उसमें समा जाऊं।

[इस प्रकार विलाप करती हुई शकुन्तला पुरोहित जी और ऋषियों के पीछे-पीछे चली जाती है। शाप के कारण भूला हुआ राजा शकुन्तला के सम्बन्ध में सोचता है।]

[दृश्य परिवर्तन]

[नेपथ्य में]

आश्चर्य है, आश्चर्य है। यह क्या हो गया ?

राजा : *(कान लगाकर)* अरे, अब क्या हो गया ?

[प्रवेश करके]

पुरोहित : *(आश्चर्य से)* महाराज ! बड़े आश्चर्य की बात हो गई है।

राजा : क्यों, क्या हो गया है ?

पुरोहित : महाराज ! कण्व ऋषि के शिष्यों के जाने के उपरान्त वह ऋषिकन्या जब बांहें पसारकर रोने लगी तो⋯

राजा : *(उत्सुकता से)* हां तो फिर, उस समय क्या हो गया ?

पुरोहित : त्यों ही स्त्री के समान एक ज्योति-सी आई और उस ऋषिकन्या को अपनी गोद में उठाकर अप्सरा तीर्थ की ओर चली गई।

[सब आश्चर्य प्रकट करते हैं।]

राजा : भगवन् ! हमने तो उसको पहले ही छोड़ दिया था। आपने मार्ग निकालकर अपने घर ले जाना चाहा, वह इस प्रकार कहीं अन्यत्र चली गई है, अब उस पर सोच-विचार करना व्यर्थ है। अब आप भी अपने घर जाकर विश्राम कीजिये।

पुरोहित : *(इधर-उधर देखकर)* महाराज की जय हो।

[पुरोहित का प्रस्थान]

राजा : *(प्रतिहारी से)* वेत्रवती ! मेरा चित्त बड़ा व्याकुल-सा होने लगा है। मैं विश्राम करना चाहता हूं।

प्रतिहारी : आइये, महाराज ! इधर से आइये।

[आगे-आगे चलती है।]

राजा : सोचता हुआ–
यद्यपि विवाह की सुधि न होने से मैंने उसका अत्यन्त तिरस्कार कर दिया है फिर भी मेरा हृदय न जाने क्यों रह-रहकर उसकी बातों पर विश्वास करने का हो उठता है। मेरे हृदय में यह कसक-सी क्यों होने लगी है ?

[सब चले जाते हैं।]

[पटाक्षेप]

छठा अंक

प्रथम दृश्य

[राजा का साला, नगर रक्षक और उसके साथ-साथ दो रखवालों से घिरे बंधे हुए एक व्यक्ति का प्रवेश।]

दोनों रक्षक : *(उस बन्दी को पीटते हैं और कहते हैं)* बोल रे चोर ! यह हमारे राजा के नाम की रत्नों से जड़ी हुई अगूंठी तेरे हाथ कहां से आ गई ? बोल, बोल ?

बन्दी पुरुष : *(डरता हुआ)* दया करो महाराज ! मैं चोरी जैसा नीच काम कभी नहीं करता।

पहला राजपुरुष : तो क्या बहुत बड़ा सुपात्र ब्राह्मण समझकर यह मुद्रिका महाराज ने तुझे दान में दी थी ?

बन्दी पुरुष : नहीं महाराज ! ऐसा नहीं है। कृपया मेरी बात तो सुनिये। मैं शक्रावतार ग्राम के समीप का रहने वाला मछुआ हूं।

दूसरा रक्षक : अरे चोर ! हम क्या तुझसे तेरी जात के विषय में पूछ रहे हैं ?

राजा का साला : सूचक ! तुम उसको बोलने तो दे नहीं रहे हो। उसको सब बातें ठीक से कहने दो, बीच में टोको मत।

रक्षक : जैसी आपकी आज्ञा। हां भाई बोल, तू क्या कह रहा था ?

बन्दी पुरुष : मैं अपना जाल, कांटा और बंसी डालकर नदी से मछली पकड़ा करता हूं। इसी से मेरी आजीविका चलती है, कुटुम्ब का पालन होता है···

श्यामल : बहुत बड़ा काम हाथ में लिया हुआ है।

पुरुष : ऐसा न कहिये महाराज !

स्वामी !

जिस जाति को भगवान ने भला अथवा बुरा जो काम सौंप दिया है वह तो अब हमसे छोड़ा नहीं जाता। अब आप ही देखिये, पशुओं को मारना यद्यपि बहुत बुरा काम है, तदपि बड़े-बड़े दयावान और

वेदज्ञ ब्राह्मण लोग भी सुना जाता है कि यज्ञ के लिए पशुबलि करते हैं।

श्यामल : अच्छा, अच्छा, उपदेश देना बन्दकर और अपनी जो बात बता रहा था वह बता।

पुरुष : एक दिन मैंने एक रोहू मछली पकड़ी। उसको जब मैं काट रहा था तो उसके भीतर यह रत्न जड़ित चमकीली अंगूठी दिखाई दी। उसे बेचने के लिए बाजार में लाकर मैं दिखा ही रहा था कि आपके रक्षकों ने मुझे पकड़ लिया।
यही इस अंगूठी मिलने की कथा है, अब यह निर्णय आपके ऊपर है। चाहे मुझे मारिये या फिर छोड़ दीजिये।

श्यामल : जानुक ! इसमें तो सन्देह नहीं कि यह गौह खाने वाला मछुआरा ही है, क्योंकि इसके शरीर से कच्चे मांस और मछली की दुर्गन्ध आ रही है। और यह जो मछली के पेट में अंगूठी मिलने की बात बता रहा है, तो चलकर ठीक-ठीक जांच कर लेनी चाहिए। उचित यही है कि इसको पहले महाराज के पास ले चलो।

दोनों रक्षक : चलिये ठीक है। चल भाई गंठकतरे ! चल।

[सब घूमते हैं।]

[दृश्य-परिवर्तन]

श्यामल : सूचक ! मैं महाराज के पास उनको अंगूठी मिलने का समाचार देने के लिए जा रहा हूं। उनको समाचार सुनाकर उनकी आज्ञा लेकर जब तक मैं लौटकर नहीं आ जाता, तब तक तुम दोनों नगर के द्वार पर रहकर इसकी रक्षा करना।

दोनों : हां, हां, आप जाइये, आप स्वामी के महल की ओर जाइये।

[श्यामल चला जाता है।]

[रक्षक देर तक प्रतीक्षा करते हैं।]

पहला रक्षक : जानुक ! उन्होंने बड़ी देर लगा दी है लौटने में ?

दूसरा : भाई ! राजा के पास तो अवसर देखकर पहुंचा जाता है, और अवसर देखकर ही बात की जा सकती है।

पहला : जानुक ! इसे मारने के पुरस्कार में लाल फूलों की माला पहनने को मेरे हाथों में बड़ी खुजली-सी मच रही है।

[यों कहकर मछुआरे की ओर संकेत करता है।]

पुरुष : भाई ! बिना किसी अपराध के ही मुझे क्यों मारने को इतने उतावले

हो रहे हो ?

दूसरा : *(दूर देखकर)* वह देखो, हमारे स्वामी अपने हाथ में महाराज का आज्ञापत्र लिये इधर ही चले आ रहे हैं।
अब तेरी खैर नहीं। अब या तो तू गिद्धों का भोजन बनेगा या फिर कुत्तों द्वारा नोचा जायेगा।

[श्यामल का प्रवेश]

श्यामल : सूचक ! इस मछुआरे को छोड़ दो।

रक्षक : क्यों स्वामिन् !

श्यामल : अंगूठी का जो विवरण इसने दिया है, वह ठीक है।

सूचक : जैसी स्वामी की आज्ञा।

जानुक : अरे, यह तो यमराज के घर तक पहुंचकर भी लौट आया है।

[बन्दी के बन्धन खोल दिये जाते हैं।]

बन्दी : (श्यामल को प्रणाम करके) कहिये स्वामिन ! मेरी बात का प्रमाण किस प्रकार मिला ?

श्यामल : ले, महाराज ने इस अंगूठी के मोल का धन तुझे प्रसाद रूप में प्रदान किया है।

[मछुआरे को धन की पोटली देता है।]

मछुआरा : *(धन लेते हुए श्यामल को प्रणाम करता है और कहता है।)* स्वामी ! आपकी इस कृपा के लिए धन्यवाद।

सूचक : वास्तव में दया तो इसी को कहते हैं कि किसी को अकस्मात् शूली से उतारकर हाथी पर बैठा दिया जाये।

जानुक : *(श्यामल से कहता है)* स्वामी ! आपने तो इसे प्रसाद कहा है किन्तु यह प्रसाद नहीं पारितोषिक है, इसे पारितोषिक कहिये। ऐसा लगता है कि महाराज को वह अंगूठी बहुत अच्छी लगी है।

श्यामल : बात ऐसी नहीं है जानुक ! महाराज ने उस मुद्रिका में जड़े रत्नों के कारण उसको नहीं लिया है अपितु उस मुद्रिका को देखते ही उनको अपने किसी अत्यन्त प्रिय का स्मरण हो आया। हमारे स्वामी यद्यपि स्वभाव से ही गम्भीर हैं, किन्तु फिर भी उस अंगूठी को देखकर वे थोड़ी देर के लिए बड़े अनमने से हो गये थे।

सूचक : स्वामी ! तब तो आपने हमारे महाराज का बड़ा ही काम किया है।

जानुक : अथवा यों कहो कि एक मछुआरे ने राजा का बड़ा काम किया है।

[जानुक मछुआरे को ईर्ष्या की दृष्टि से देखता है।]

मछुआरा : *(श्यामल से)* स्वामी ! इसमें से आधा आपके पान-फूल के लिए रख देता हूं।

जानुक : हां, यह तो इनका अधिकार है ही।

श्यामल : धीवर ! आज से तुम मेरे बड़े ही प्रिय मित्र हो गये हो। चलो, हम तुम चलकर मदिरा के आगे अपनी मित्रता को पक्की कर लें।
चलो मदिरालय में ही चलते हैं।

[सब जाते हैं।]

[दृश्य परिवर्तन]

[आकाश में विमान पर चढ़ी हुई सानुमती अप्सरा का प्रवेश]

सानुमती : साधुजनों के स्नान के समय अप्सरा तीर्थ की देखभाल करने की आज मेरी बारी थी। वह कार्य तो मैं कर चुकी हूं। चलूं, चलकर अब उस राजर्षि की दशा भी देखूं।
क्योंकि–
शकुन्तला यद्यपि मेनका की ही कन्या है, तदपि इस नाते वह मेरी भी तो कन्या के समान ही है। मेनका ने बहुत पहले मुझसे अपनी कन्या के लिए कुछ उपाय करने के लिए कहा भी था।

[चारों ओर देखकर]

अरे, वसन्त का उत्सव निकट आ गया है और यहां राजभवन में एकदम सन्नाटा छाया हुआ है। अपनी दिव्य दृष्टि से यद्यपि मैं सब कुछ भली-भांति देख-परख सकती हूं किन्तु अपनी सखी की बात का तो मुझे सम्मान करना ही होगा। अच्छा, मैं स्वयं को अपनी तिरस्करिणी विद्या से छिपा लेती हूं और इन मालिनियों के साथ-साथ चलकर यहां का समाचार विस्तार से जानने का यत्न करती हूं।

[विमान से उतरकर नीचे आकर खड़ी हो जाती है।]

[आम के बौरों को देखती हुई एक परिचारिका आती है। उसके पीछे-पीछे दूसरी परिचारिका आती है।]

पहली परिचारिका : हे वसन्तऋतु के जीवन सर्वस्व ! वसन्त के मंगल स्वरूप ! हे लाल, हरे, पीले, रंग वाले बौर ! आज इस ऋतु में

पहले पहल तुम्हारा दर्शन हो रहा है। कृपा करके तुम हम पर प्रसन्न हो जाओ, जिससे कि हमारी यह वसन्त-ऋतु बड़े सुख से बीते।

दूसरी पारिचारिका : अरी, कोयल ! तू अकेले-अकेले क्यों कूक रही है ?

पहली : मधुकारिका आम की बौर देखकर तो कोयल मतवाली हो ही जायेगी।

दूसरी : *(बड़े उल्लास से उसके पास जाती है और कहती है)* सखी ! क्या वसन्त आ गया है ?

पहली : *(भौंरी को लक्ष्य करके कहती है)* अरी भ्रमरी ! तेरी भी तो मस्ती से गूंजने के दिन यही हैं।

दूसरी : सखी ! यदि तुम मुझे सहारा दो तो मैं आज पूजा के लिए इन आम के बौरों का ही संचय करूं।

पहली : यदि अपनी पूजा का आधा फल मुझे भी दो तो मैं तुम्हारी सहायता करने के लिए तैयार हूं।

दूसरी : अरे, वह तो तुम्हारे बिना कहे ही तुमको मिल जाता। क्योंकि हम तो एक प्राण दो शरीर हैं।

[पहली सहरा देती है और दूसरी उसके सहारे बौर तोड़ती है।]

वाह ! यद्यपि ये बौर अभी पूरी तरह खिल नहीं पाये हैं फिर भी इनकी महक इतनी मोहक है कि कुछ न पूछो।

[अंजली बांधकर]

अरी ! आम की मंजरी ! मैं तुझे धनुषधारी कामदेव को अर्पित करती हूं। परदेश में गये हुए लोगों की युवती स्त्रियों को काम-पीड़ा देने के लिए तुम कामदेव के पांचों बाणों में सबसे अधिक पैना बन जाओ।

[यह कह वह आम की मंजरी नीचे डाल देती है।]

[दृश्य परिवर्तन]

[परदा झटककर कंचुकी का प्रवेश]

कंचुकी : *(क्रोधित स्वर में)* नहीं, नहीं। नासमझ छोकरियों ! यह तुम क्या कर रही हो ? तुम जब जानती हो कि महाराज ने वसन्तोत्सव को रोक दिया है तो तुम यह आम की मंजरी क्यों तोड़ रही हो ?

दोनों : *(डरी हुई-सी)* आर्य ! आप रुष्ट न हों, हमें इस बात का बिलकुल ज्ञान नहीं था।

कंचुकी : क्या तुम लोगों ने नहीं सुना?

दोनो : क्या नहीं सुना आर्य !

कंचुकी : अरे, यही कि जन साधारण की ता बात ही क्या है, बसन्त-ऋतु में फलने-फूलने वाले वृक्षों ने और उन पर बसेरा करके चहकने वाले पक्षियों ने भी महाराज की उस आज्ञा को मान लिया है। देखो–

आम की मंज़री तो बहुत पहले आ गई थी किन्तु अभी तक भी उनमें पराग नहीं आ पाया है। कुरबक का पुष्प खिलना ही चाह रहा था किन्तु नहीं खिला, अभी तक ज्यों-का-त्यों बंधा हुआ ही है। जाड़ा बीत गया है फिर भी कोयल की कूक कहीं सुनाई नहीं पड़ती। मानो उसके गले तक आकर वह वहीं पर अटक गई हो। कामदेव भी अपने तरकस में से बाण तो निकालता है किन्तु फिर डरकर उसी में वापस रख देता है, वह उन्हें छोड़ नहीं पाता।

सानुमती : इसमें तो कोई सन्देह नहीं। इसका तो यही अभिप्राय हुआ कि यह राजर्षि बड़ा प्रतापी है।

पहली परि०: आर्य ! इस नगर के रक्षक श्रीमान् मित्रावसु ने अभी कुछ दिन पहले ही हम लोगों को इस प्रमद वन की रखवाली करने के लिए महाराज की सेवा में नियुक्त किया था। हम लोग बिलकुल नयीं हैं, इस कारण हमको इस बात का ज्ञान नहीं था। यदि हमें ज्ञान होता तो हम कभी न तोड़तीं।

कंचुकी : कोई बात नहीं। अब पुनः इस प्रकार का कोई कार्य मत करना।

दोनों : आर्य ! किन्तु हमको बड़ा कौतूहल हो रहा है कि महाराज ने वसन्तोत्सव न मनाने का निश्चय क्यों किया है, हम यह जानना चाहती हैं। यदि आपको बताने में कोई अड़चन न हो तो कृपया हमें भी बताइये कि महाराज ने वसन्तोत्सव क्यों रोक दिया है?

सानुमती : मनुष्य प्राणी तो बड़ा ही उत्सव-प्रिय होता है यदि महाराज ने उत्सव रोक दिया है तो निश्चित है कि इसका कोई बहुत बड़ा ही कारण होगा ? अन्यथा वसन्तोत्सव जैसे उत्सव को रोक देना सहज नहीं था।

कंचुकी : नहीं, बताने में अब कोई अड़चन नहीं है, क्योंकि यह बात अब चारों और फैल गई है। इसलिए तुमको भी बता देता हूं, सुनों– क्या शकुन्तला के छोड़े जाने की बात तुम लोगों ने सुनी है ?

दोनों : जी हां। नगर रक्षकर के मुख से महाराज को मुद्रिका मिलने तक की बात तो हम लोगों को विदित है।

कंचुकी : फिर तो अब तुम लोगों को थोड़ा ही जानना शेष रह गया है। वह मैं सुनाता हूं–

जिस मुद्रिका की बात तुम कह रही हो, उसको देखते ही महाराज को स्मरण हो आया कि उन्होंने शकुन्तला से एकान्त में विवाह किया था और अब भूल के कारण उसका परित्याग कर बैठे हैं। तब से ही उनको बड़ा पश्चात्ताप हो रहा है।

तब से ही–

उनके मन को न अब कोई सुन्दर वस्तु ही सुहाती है और न वे अब पहले की भांति अपने मन्त्री-आमात्यों के साथ नित्य बैठकर गोष्ठी आदि करते हैं। रात्रि के समय भी उनको नींद नहीं आती। रातभर पलंग पर करवटें बदलते रहते हैं, इस प्रकार सारी रात बीत जाती है।

रनिवास की रानियां जब आग्रह करके उनसे उनके इस प्रकार उदास रहने का कारण पूछती हैं तो उनके मुख से बात तो कुछ निकलती नहीं, झोंक में आकर केवल शकुन्तला का नाम ही निकल आता है, बस।

इसके बाद वे बड़ी देर तक लजाये से सिर नीचा किये रहते हैं।

सानुमती : यह बात तो मेरे लिए बड़ी ही प्रिय है।

कंचुकी : *(अपनी बात पूरी करता हुआ)* बस, इसी दुःख के कारण उन्होंने वसन्तोत्सव रोक दिया है।

दोनों : हां, यह तो उन्होंने ठीक ही किया है। जब मन में उल्लास न हो और खिन्नता हो तो फिर उत्सव किस प्रकार मनाया जा सकता है।

[नेपथ्य में]

आइये महाराज ! आइये।

कंचुकी : *(कान लगाकर)* अरे ! महाराज तो इस ओर को ही आ रहे हैं। अब तुम लोग जाओ, और अपना-अपना काम करो।

दोनों : ठीक है।

[दोनों जाती हैं।]

[विदूषक और प्रतिहारी के साथ पश्चात्ताप निमग्न राजा का प्रवेश।]

कंचुकी : *(राजा को देखकर)* जो सुन्दर होते हैं वे किसी भी दशा में क्यों न हों, सभी दशाओं में वे सुन्दर ही लगते हैं। हमारे महाराज उदास होने पर भी सुन्दर ही लग रहे हैं।

क्योंकि–

उन्होंने अपने शरीर को सुशोभित करने के लिए जो भी आभूषण धारण किये हुए थे, वे सब उतार दिये हैं, केवल बायीं भुजा का भुजबन्ध ही उनकी भुजा पर विद्यमान है। निरन्तर उसांसें लेते रहने के कारण उनके नीचे का ओष्ठ भी लाल-लाल हो गया है। अनमने होने के कारण रातभर जागते रहने से उनकी आंखें भी किस प्रकार अलसा-सी गई हैं।

इस प्रकार दुःखी होने पर भी वे वैसे ही दुबले से नहीं लग रहे जिस प्रकार तरासा हुआ महामणि यद्यपि छोटा हो जाता है किन्तु फिर भी चमक बढ़ जाने के कारण शोभायमान ही दीखता है।

सानुमती : *(राजा को देखकर)* यद्यपि शकुन्तला का तिरस्कार कर राजा ने उसका बड़ा निरादर किया है तदपि यदि शकुन्तला इस राजा के लिए तड़पती है तो वह बात भी समझ में आने लायक ही है। यह राजा तो बड़ा ही सुदर्शन है।

राजा : *(चिन्तातुर-सा घूमकर—)* मृग के समान आंखों वाली वह मेरी प्रिया शकुन्तला उस समय जब बार-बार मुझे समझा रही थी, तब तो मैं सोता ही रहा, आंखें खुलीं ही नहीं। और अब देखो, केवल पश्चात्ताप का दुःख सहन करने के लिए यह उस समय सोया मेरा हृदय अब जाग उठा है।

सानुमती : क्या करें, बेचारी शकुन्तला का भाग्य ही कुछ ऐसा है।

विदूषक : *(अलग ही)* ओह ! शकुन्तला के रोग ने तो हमारे महाराज को फिर से घेर लिया है। न जाने यह रोग इनका पिण्ड किस प्रकार छोड़ेगा।

कंचुकी : *(महाराज के पास जाकर)* महाराज की जय हो ! महाराज ! प्रमद वन की भूमि को झाड़-बुहारकर साफ कर दिया है। अब आप जब तक भी चाहें उस सुरम्य स्थान की आनन्दमयी भूमि पर विश्राम करिये।

राजा : वेत्रवती ! जाओ, मेरी ओर से अमात्य आर्य पिशुन से कहो कि मैं आज विलम्ब से उठा हूं, इसलिए अभियोगों के निर्णय के लिए मेरा सभा-भवन में पहुंच पाना कठिन है।

प्रजा का जो कोई भी कार्य हो, उसे वे लिखकर यहीं मेरे पास भेज दें।

वेत्रवती : जैसी महाराज की आज्ञा।

[वेत्रवती जाती है]

राजा : वातायन ! जाओ, तुम भी अपना काम करो।

कंचुकी : जैसी देव की आज्ञा।

[कंचुकी भी जाता है।]

विदूषक : आपने यहां की सब मक्खियों को उड़ाकर अच्छा ही किया। अब आप उस प्रमद वन में चलकर अपना मन बहलाव करिये। यहां न तो जाड़े की शीतलता ही है और न ग्रीष्म की तपन ही है।

राजा : हां मित्र ! किसी ने ठीक ही कहा है कि विपत्ति सदा अवसर की ताक में रहती है। उसका वचन अन्यथा नहीं है।
क्योंकि देखो–
अभी मेरे मन से शकुन्तला को भुला देने वाला मोह का मद उतरा भी नहीं था कि मुझे मारने के लिए अपने धनुष पर आम के बौर का यह नया बाण चढ़ाकर कामदेव भी आ धमका है।

विदूषक : अच्छा, आप थोड़ी देर रुकिये। मैं अपने इस डण्डे से कामदेव के इन बाणों को तोड़े डालता हूं। *(इस प्रकार अपना डण्डा उठाकर आम के बौर झाड़ना चाहता है।)*

राजा : *(उसको देखकर हंसते हुए)* अच्छा, अच्छा, अब रहने भी दो। हमने तुम्हारा ब्रह्मतेज देख लिया है।
अच्छा मित्र ! अब चलो, कोई ऐसा स्थान बताओ जहां कि प्रिया से कुछ-कुछ मिलती-जुलती-सी लताओं को ही देखकर हम अपनी आंखों को शीतल कर लें।

विदूषक : परन्तु, आपने तो अभी रनिवास की दासी चतुरिका को कहा है कि हम माधवी मण्डप में जाकर जी बहलाते हैं और तुम हमारे हाथ का बनाया हुआ शकुन्तला का वह अधूरा चित्र वहां ले आना।

राजा : हां, याद आया। वह स्थान तो मन बहलाव का है। ठीक है, तो फिर उधर को ही चलो।

विदूषक : तो, इधर को आइये महाराज ! इधर को।

[दोनों मुड़ते हैं, सानुमती पीछे को हो जाती है।]

[दृश्य परिवर्तन]

विदूषक : देखिये, फूलों से सजी हुई यह मणिशिला को सुन्दर चौकी बिछाकर यह माधवी कुंज मानो आपका स्वागत करने की बड़ी देर से बाट जोह रहा है। इसलिये चलिये, वहीं चलकर बैठिये।

[दोनों प्रवेश करके उस स्थान पर बैठते हैं।]

सानुमती : अच्छा, मैं इनको लता की ओट से देखती हूं। देखें, मेरी सखी का इन्होंने कैसा चित्र बनाया है। उसके बाद ही मैं अपनी सखी

को बता पाऊंगी कि तुम्हारे पतिदेव तुम पर किस प्रकार से प्रेम-विह्वल हो रहे हैं।

[छिप जाती है।]

राजा : मित्र ! अब तो शकुन्तला की सभी बातें स्मरण होने लगी हैं। वे सारी बातें तुमको तो मैं पहले ही कण्व ऋषि के आश्रम में ही बता चुका था। जब मैंने शकुन्तला को अपने यहां से लौटाया था, उस समय तुम वहां पर थे, किन्तु तुमने वे सब बातें मुझे स्मरण ही नहीं दिलाईं।

[जान पड़ता है कि मेरे ही समान तुम भी वह सब भूल गये थे।]

विदूषक : महाराज ! मैं भूला तो नहीं था। किन्तु सब कुछ कहने के बाद वहां से मुझे विदा करते समय तुमने यह कह दिया था कि वे सब बातें तो तुमने मुझसे हंसी में कही थीं। तब मेरी यह मिट्टी की खोपड़ी भी उसी बात को सच समझ बैठी थी। अथवा यों कहना चाहिए कि भवितव्यता बड़ी ही बलवान होती है।

सानुमती : हां, वास्तव में यही बात है।

राजा : *(सोचकर)* मित्र, अब तो किसी प्रकार मुझे इस दारुण दुःख से बचाने का उपाय करो।

विदूषक : अरे ! आप यह क्या कह रहे हैं ? आप जैसे लोगों को यह सब शोभा नहीं देता। सतपुरुष को कभी भी इस प्रकार शोकमग्न नहीं होना चाहिए। देखिये, आंधी-तूफान के आने पर भी पर्वत निश्चल खड़े ही रहते हैं, उनको कौन हिला सकता है।

राजा : मित्र ! जिस समय मैंने अपनी प्राणप्रिया को यहां से निरादृत करके लौटाया था उस समय की उसकी अवस्था का स्मरण आते ही मैं आपे में नहीं रह पाता।

क्योंकि–

उस समय जब वह यहां से लौटा दी गई और वह अपने साथियों के पीछे चलने लगी तब गुरु के समान पूज्य उसके गुरुशिष्यों ने उसे डांटकर कहा कि तुम यहीं रहो। उस समय वह वहीं खड़ी हो गई। उस समय उसने अपनी आंखों में आंसू भरकर मुझ निष्ठुर की ओर जिस दृष्टि से देखा था वह अब मुझे ऐसी पीड़ा दे रहा है कि जैसे किसी ने विष से बुझे हुए शस्त्र से मेरे शरीर में घाव कर दिया हो।

सानुमती : अरे ! अपनी करनी पर इतना पश्चात्ताप ! इस समय राजा के इस दुःख को देख-देखकर मेरे मन को बड़ा सन्तोष मिल रहा है।

विदूषक : महाराज ! मुझे तो ऐसा लग रहा है कि देवी शकुन्तला को उस समय कोई स्वर्गीय दूत ही उठाकर ले गया होगा।

राजा : अरे, उस पतिव्रता को अन्य कोई तो स्पर्श नहीं कर सकता। मैंने आश्रम में सुना था कि अप्सरा मेनका ने उसको जन्म दिया था। इसलिए मुझे सन्देह होता है कि कहीं उसकी सखियां ही उसको उठाकर न ले गई हों।

सानुमती : ओ हो, इस समय तो इस राजा को इतनी सारी बातें स्मरण होने लगी हैं। उन्हें सुनकर तो किसी को भी आश्चर्य नहीं हो सकता। किन्तु मुझे तो आश्चर्य इस बात पर हो रहा है कि जब शकुन्तला यह सब बता रही थी उस समय राजा यह सब किस प्रकार भूल गये ?

विदूषक : महाराज ! यदि ऐसा है तब तो आप समझिये कि थोड़े ही दिनों में आप दोनों का पुनर्मिलन होने वाला है।

राजा : क्यों ? यह तुम किस प्रकार कह सकते हो ?

विदूषक : क्योंकि पति से बिछुड़ी हुई अपनी कन्या का दुःख कोई भी माता-पिता अथवा उसके सगे-सम्बन्धी अधिक समय तक देख नहीं सकते। वे कोई-न-कोई उपाय अवश्य करेंगे।

राजा : मित्र ! मेरी तो मति भ्रमित हो रही है–
मैं तो ठीक-ठीक से अब यह भी नहीं समझ पा रहा हूं कि शकुन्लता से वह मिलन स्वप्न था या जादू था या कि मति विभ्रम था। अथवा फिर किसी ऐसे पुण्य का फल था जिसका उतना ही भोग रह गया था, जो उस समय पूरा हो गया। इन बातों को स्मरण करके मुझे तो ऐसा लगता है कि तटविहीन प्रपात की भांति मेरे सारे मनोरथ, सारी आशायें इधर-उधर बिखर गई हैं।

विदूषक : नहीं, आपका इस प्रकार विचार करना उचित नहीं है। क्योंकि इस अंगूठी का मिलना यह सिद्ध कर रहा है कि उनसे आपकी भेंट अवश्य ही होने वाली है।

राजा : *(मुद्रिका को देखकर)* हाय ! अपने स्थान से गिरी हुई इस मुद्रिका पर भी मुझे बड़ा तरस आ रहा है। इतने सुन्दर स्थान पर पहुंचकर भी यह वहां से किस प्रकार गिर पड़ी ?

[मुद्रिका को देखकर]

अरी मुद्रिका ! तेरी ऐसी दशा को देखकर तो यही लग रहा है कि मेरे ही समान तेरे भी पुण्यकर्मों का भोग पूर्ण हो गया था जिससे तू गिर पड़ी है। अन्यथा उन सुन्दर अरुणाभा वाले नखों वाली अंगुली से भला तू क्यों निकलकर गिर पड़ती ?

सानुमती : राजा ठीक ही कह रहे हैं। यदि वहां से यह किसी अन्य के हाथ लग गई होती तो फिर तो इसकी दशा वास्तव में दयनीय ही हो जाती।

विदूषक : अच्छा महाराज ! यह तो बताइए कि आपकी यह नाम वाली मुद्रिका देवी शकुन्तला के पास किस प्रकार पहुंच गई थी।

सानुमती : वाह ! विदूषक के मन में भी इस विषय में जानने की उतनी ही उत्सकुता है जितनी कि मेरे मन में।

राजा : सुनो–

जब मैं आश्रम से अपने नगर को लौट रहा था तो उस समय मेरी प्राणप्रिया ने अपनी आंखों में आंसू भरकर मुझसे पूछा था– 'अब कितने दिनों बाद मेरी सुधि लेंगे ?'

विदूषक : हां, फिर ! फिर आपने क्या कहा ?

राजा : उस समय मैंने उसकी अंगुली में यह अंगूठी डाली और उससे कहा–

प्रिये ! इस अंगूठी पर अंकित मेरे नाम के अक्षरों को प्रतिदिन गिनती रहना। जिस दिन तुम सब अक्षर गिन चुकी होगी, उसी दिन मेरे रनिवास का कोई सेवक तुम्हें बुलाने के लिए यहां पर उपस्थित होगा।

किन्तु मुझ कठोर हृदय वाले से मोहवशात् यह सम्भव हुआ ही नहीं।

सानुमती : बात तो बड़ी ही अच्छी थी, किन्तु दैव ने सब चौपट कर दिया, इस बात को पूरा होने ही नहीं दिया।

विदूषक : लेकिन मित्र ! उस मछुआरे ने जिस रोहू मछली को काटा था, उसके पेट में यह किस प्रकार पहुंच गई ?

राजा : जिस समय शकुन्तला शची तीर्थ को हाथ जोड़कर प्रणाम कर रही थी, उस समय उसकी अंगुली से यह मुद्रिका निकलकर गंगाजी की धारा में बह गई थी।

विदूषक : अच्छा, अब मेरी समझ में बात आ गई है। यह ठीक ही है।

सानुमती : जान पड़ता है कि इसी कारण इस राजर्षि ने अधर्म होने के भय के कारण बेचारी शकुन्तला के साथ विवाह करने की बात पर सन्देह व्यक्त किया था। अन्यथा क्या इस प्रकार के प्रेम में किसी पहचान की भी आवश्यकता शेष रहती है। किन्तु यह हुआ किस प्रकार ?

राजा : अब तो मैं इस मुद्रिका को ही उपालम्भ देता हूं।

विदूषक : *(मन-ही-मन)* लगता है हमारे राजा पागल होते जा रहे हैं।

राजा : अरी मुद्रिके !
तू किस प्रकार उन सुन्दर और कोमल अंगुली वाले हाथ को छोड़कर जल में कूद गई ?
परन्तु अंगूठी तो निर्जीव थी, इसलिए यदि उसने शकुन्तला के हाथ और अंगुली की परख न भी की हो तो कुछ गलत नहीं हुआ। किन्तु मैं तो मनुष्य हूं, मैंने किस प्रकार उस प्रिया का निरादर कर डाला ?

विदूषक : *(अपने मन में)* यदि महाराज की यही दशा थोड़ी देर और रही तब तो मेरी भूख मुझे ही खा डालेगी।

राजा : प्रिये ! तुम्हें बिना कारण त्याग देने के परिताप से मैं तपा जा रहा हूं। इसलिए कृपा करके मुझे दर्शन देकर मेरे इस ताप को शान्त करो।

[परदा उठाकर चित्रफलक लिए हुये परिचारिका का प्रवेश]

चतुरिका : महाराज ! यह रहा आपका बनाया हुआ देवी का चित्र।

[चित्रफलक दिखाती है।]

विदूषक : वाह मेरे मित्र ! बहुत सुन्दर। इस चित्र में बने हुए ऊंचे-नीचे स्थानों को देखकर तो मेरी आंखें भी जैसे ठोकरें खा रही हों, ऐसा लगता है। आपने इसके अंगों को इतना सुन्दर बना दिया है कि उनमें उसके मन के भाव तक ठीक-ठीक उतर आये हैं।

सानुमती : अरे, राजर्षि तो बड़े चतुर चितेरे हैं। इस चित्र को देखकर तो ऐसा लगता है कि मानो मेरी सखी शकुन्तला स्वयं यहां पर खड़ी है।

राजा : यद्यपि इस चित्र के सारे दोषों को मैंने अपनी समझ से ठीक तो कर दिया है। फिर भी इन रेखाओं में देवी की सुन्दरता पूर्णतया नहीं उतर पाई है। हां, कुछ-कुछ अवश्य उतरी है।

सानुमती : पश्चात्ताप और नम्रता से भरे इस राजा सरीखे प्रेमी को ऐसा कहना ही शोभा देता है। अन्यथा चित्र तो परिपूर्ण ही बना है।

विदूषक : मित्र ! इस चित्र में तो तीन-तीन देवियां दिखाई दे रही हैं। और वे तीनों ही एक से बढ़कर एक हैं। अब आप ही हमें बताइये कि इसमें देवी शकुन्तला कौन-सी है ?

सानुमती : अरे ! यह तो निरा मूढ़ ही है, इसको सुन्दरता की तनिक भी परख नहीं है।

राजा : अच्छा, पहले तुम ही बताओ कि तुम इनमें से किसको शकुन्तला समझ रहे हो ?

विदूषक : मैं तो समझता हूं कि पानी के छिड़काव से चित्र में जो यह आम का वृक्ष चमक रहा है, उसी से सटकर, कुछ थकी हुई-सी जो खड़ी दिखाई दे रही है, वही शकुन्तला होगी। उसका जूड़ा भी ढीला होने से उससे फूल गिर रहे हैं, उसके मुख पर पसीने के कण झलकते दिखाई दे रहे हैं और साथ ही दोनों कन्धे भी झुके हुए हैं।

अन्य जो दो इसके साथ यहां पर खड़ी दिखाई दे रही हैं, वे सम्भवतया इसकी सखियां होंगी।

राजा : मित्र ! तुम तो सचमुच में पारखी हो।

देखो यहां ये मेरे प्रेम के चिह्न भी बने हुए हैं।

चित्र की कोरों पर मेरी पसीजी हुई अंगुलियों के काले धब्बे पड़ गए हैं और इसी प्रकार मेरी आंखों से जो आंसू टपका था, उससे शकुन्तला के गाल पर का रंग उभर आया है।

चतुरिके ! इस विनोदस्थल का चित्र तो अभी अर्द्धलिखित ही है, यह अभी पूर्ण नहीं हुआ है। जाओ, चित्र बनाने की कूंची आदि ले आओ।

चतुरिका : आर्य माढव्य ! कृपया आप इस चित्रफलक को तो पकड़िये। मैं तब तक आती हूं।

राजा : रहने दो, मैं ही इसको थामे हुए हूं।

[चित्र फलक ले लेता है।]

[चतुरिका जाती है।]

राजा : (निःश्वास लेते हुए) मित्र ! देखो–

मेरी दशा तो देखो कि जब वह स्वयं मेरे पास आई थी तब तो मैंने उसका निरादर करके उसको लौटा दिया था और अब उसके चित्र पर इतना प्रेम प्रकट कर रहा हूं।

यह तो ठीक उसी प्रकार है जैसे कि कोई पिपासु भरी हुई नदी को छोड़कर मृग की भांति चमकीली बालू को पानी समझकर उसकी ओर भागता है।

विदूषक : *(मन-ही-मन)* यहां तो हमारे महाराज नदी को छोड़कर मृगतृष्णा की ओर लालायित हो रहे हैं।

(प्रकट में) मित्र ! अब इस चित्र में क्या बनाना बाकी रह गया है ?

सानुमती : मैं समझती हूं कि राजा अब इस चित्र में उन स्थानों को चित्रित करेंगे जो वहां पर मेरी सखी को बड़े प्रिय थे।

राजा : सुनो–
अभी तो मुझे मालिनी नदी दिखानी है जिसकी रेत पर हंस के जोड़े बैठकर केलि कर रहे थे। मालिनी नदी के दोनों ओर हिमालय की वह तलहटी दिखानी है जहां हरिण बैठे हुए जुगाली कर रहे हों। उसके समीप ही मैं एक ऐसे पेड़ को भी चित्रित करना चाहता हूं जिस पर बल्कल के वस्त्र टंगे होंगे और उसके नीचे बैठे हरिण युगल में हरिणी अपनी बायीं आंख को काले हरिण के सींग से खुजला रही हो।

विदूषक : *(अपने मन में)* मैं समझता हूं कि इस चित्र को तो अब लम्बी-लम्बी जटाओं तथा दाढ़ी वाले तपस्वियों से भर देना चाहिए।

राजा : मित्र ! और भी है। अभी तो मैं वह आभूषण आदि भी बनाना भूल गया हूं जो कि मैं अपनी प्रिया शकुन्तला को पहनाना चाहता था।

विदूषक : वे आभूषण कौन-कौन-से थे ?

सानुमती : वे ही हो सकते हैं जो कि उस जैसी वनवासिनी कुमारिकायें पहना करती हैं।

राजा : और मित्र ! देखो–
अभी तो मैं वह शिरीष कुसुम भी बनाना भूल ही गया हूं जो कि उसने उस समय अपने कानों पर रखा हुआ था। उस पुष्प का पराग उसके गालों पर छिटक गया था। इतना ही नहीं, अभी तो उसके स्तनों के मध्य में चन्द्रमा की किरण के समान पतले कमल के तन्तुओं की माला भी मैंने नहीं बनाई है।

विदूषक : क्यों मित्र ! यह देवी अपनी कमल की पंखुड़ी के समान कोमल और लाल हथेलियों से अपना मुख ढंके हुए बहुत डरी-डरी-सी खड़ी हुई क्यों दिखाई दे रही हैं ?
(चित्र को फिर ध्यान से देखकर) और देखिये, यह फूलों के रस का लोभी नीच भ्रमर देवी के मुख पर आकर मंडराये ही जा रहा है ?

राजा : भगाओ तो इस ढीठ को।

विदूषक : महाराज ! दुष्टों को दण्ड देना तो आपका ही काम है, अब आप ही इसे भगाइये।

राजा : तुम ठीक ही कहते हो।
अरे, फूल और लताओं के प्रिय अतिथि ! तू क्यों इसके मुख पर

मंडराने का कष्ट कर रहा है ?

वह देख तेरे प्रेम की प्यासी यह भ्रमरी तेरी ओर ही आंख लगाए उस फूल पर बैठी है। वह अपने पतिव्रत धर्म का पालन करती हुई तेरे बिना फूलों के मकरन्द का पान भी नहीं कर रही है।

सानुमती : ऐसी अवस्था में भी महाराज कितनी मधुर वाणी में बड़ी शालीनता से भौंरे को वहां से चले जाने के लिए कह रहे हैं।

विदूषक : महाराज ! ऐसे खोटे लोग क्या बातों से मानते हैं ?

राजा : क्यों रे ! तू मेरा कहना नहीं मानता। तो अब तू सुन–

मेरी प्यारी का जो ओठ अछूते नन्हें पौधे की कोमल कोंपलों के समान लाल है और जिसे मैंने रति के समय भी बहुत बचा-बचाकर पिया था, ऐसे उन दाड़िम जैसे होंठों का तूने स्पर्श किया तो मैं तुझे कमल पुष्प के कोश में डालकर बन्दी बना दूंगा।

विदूषक : अरे भ्रमर, क्या तू ऐसे कठोर दण्ड देने वाले से भी नहीं डरता ? *(हंसकर अपने मन में)* अरे, यह तो पागल हो ही गये हैं। किन्तु अब इनके साथ रहने से लगता है मैं भी कुछ-कुछ वैसा ही होने लगा हूं।

(प्रकट में) महाराज ! यह तो चित्र है।

राजा : अरे क्या यह चित्र है ?

सानुमती : स्वयं मैं ही अब समझ पा रही हूं कि यह चित्र है। तब ऐसी अवस्था में भला उसका क्या पूछना जिसने मेरी प्रिय सखी शकुन्तला में तल्लीन होकर उसका चित्र बनाया है।

राजा : मित्र ! तुमने यह क्या दुष्कर्म कर डाला ?

क्योंकि–

मैं तो बड़ा दत्तचित्त होकर सामने खड़ी हुई वास्तविक शकुन्तला के दर्शन का आनन्द ले रहा था। किन्तु तुमने स्मरण दिलाकर मेरी उस प्यारी को बस चित्रमात्र बनाकर रख दिया है।

[राजा आंसू बहाने लगता है।]

सानुमती : यह तो विरह का बड़ा ही विचित्र प्रकार है। पहले कुछ और था और अब कुछ और ही है। कैसा परस्पर विरोधाभास है इसमें।

राजा : मित्र ! तुम समझ सकते हो कि इस समय मेरे हृदय पर क्या बीत रही है ?

सुनो–

नींद न लगने के कारण मैं उससे स्वप्न में भी नहीं मिल पाता और सदा बहते रहने वाले ये आंसू उसे चित्र में भी भली प्रकार देखने नहीं देते।

सानुमती : शकुन्तला को छोड़कर तुमने हमारे मन में जो कसक भर दी थी, आज अपने इन वचनों से तुमने उस सबको धो डाला है।

[परिचारिका का प्रवेश]

चतुरिका : जय हो, महाराज की जय हो।
महाराज ! चित्र सामग्री का डिब्बा लिये मैं इधर ही चली आ रही थी कि···

राजा : हां, तो क्या हुआ ?

चतुरिका : उसी समय तरलिका के साथ महारानी वसुमति आईं और उन्होंने मेरे हाथ से डिब्बा लेकर कहा कि मैं स्वयं इसे आर्यपुत्र के पास पहुंचा आती हूं।

विदूषक : यह तुम्हारा सौभाग्य ही था कि उन्होंने तुम्हारी पिटाई नहीं की।

चतुरिका : महारानी की ओढ़नी तभी वृक्ष की डाली से उलझ गई और तरलिका उसको छुड़ाने में लगी थी कि मैं आपको यह समाचार देने के लिए इधर दौड़ी आई हूं।

राजा : लगता है कि महारानी का मुंह फूल गया है। बड़ी रुष्ट-सी इधर आ रही हैं। तब तो यही अच्छा होगा कि यह चित्र उनके सम्मुख न रहे। इसलिए इसको ले जाकर कहीं ऐसे स्थान पर छिपा दो जहां महारानी की दृष्टि इस पर न पड़ सके।

विदूषक : यह क्यों नहीं कहते कि हमें ही छिपा लो।

[चित्रपट लेकर उठता है।]

अच्छा, जब आपको अपनी रानी के चंगुल से मुक्ति मिल जाये तो आप मुझे मेघ-प्रतिच्छनद भवन से बुलवा लीजिये या स्वयं उधर ही पधारिये।

[झटपट यहां से निकल जाता है।]

सानुमती : राजा ने दूसरे को हृदय तो दे डाला है, इसमें सन्देह नहीं। किन्तु इसमें भी सन्देह नहीं है कि ये महारानी के हृदय को भी ठेस पहुंचाना नहीं चाहते। लेकिन वास्तविकता यही है कि अब इनके मन में महारानी के प्रति तनिक-सा भी प्रेम शेष नहीं रह गया है।

[हाथ में पत्र लिये प्रतिहारी का प्रवेश]

प्रतिहारी : महाराज की जय हो, जय हो।

राजा : वेत्रवती ! तुम्हें कहीं इधर आते हुए मार्ग में महारानी तो नहीं दिखाई दीं ?

प्रतिहारी : जी हां, मिली तो थीं। किन्तु मेरे हाथ में यह पत्र देखकर वे वहीं से उलटे पांव लौट गई हैं।

राजा : महारानी समय-असमय को भली-भांति जानती हैं। वे नहीं चाहतीं कि उनके कारण मेरे काम में किसी प्रकार की बाधा पहुंचे।

प्रतिहारी : महाराज ! अमात्य महोदय ने कहलवाया है कि आज उनका सारा दिन धन की व्यवस्था देखने में ही व्यतीत हो गया है। इस कारण प्रजा के अन्य कार्य करने में असमर्थ रहे हैं। प्रजा का जो काम हुआ है तथा कुछ अन्य भी बातें उन्होंने विवरण पूर्वक इस पत्र नें लिख दी हैं, आप उसको देखकर परिस्थिति से अवगत हो जाएं।

राजा : कहां है, वह पत्र ? लाओ इधर दो।

[प्रतिहारी पत्र देती है।]

राजा : *(पत्र पढ़कर)* अरे यह क्या ? समुद्र के व्यापारी सार्थवाह धन मित्र की नाम डूब गई और उसकी मृत्यु हो गई है ? बेचारे उस भले आदमी की तो कोई सन्तति भी नहीं है। और हमारे अमात्य महोदय लिखते हैं कि इसलिए उसकी सारी सम्पति को राजकोष में सम्मिलित कर लेना चाहिए।

निस्सन्तान होना भी कितने कष्ट की बात है।

वेत्रवती ! सेठजी तो बहुत ही धनवान व्यक्ति थे। हो सकता है कि उनकी अनेक पत्नियां हों। और हो सकता है कि उनमें से कोई गर्भवती भी हों।

तुम इसका पता लगाकर मुझे बताना।

वेत्रवती : देव ! सुना जाता है कि साकेत के श्रेष्ठि की जिस कन्या से सेठ ने विवाह किया था उसने अभी थोड़े दिन पहले पुंसवन संस्कार करवाया था, इससे तो यही अनुमान लगाया जा सकता है कि वह गर्भवती है।

राजा : यदि यह बात है तो तुम जाओ और अमात्य महोदय को कहो कि धनमित्र की पत्नी के गर्भ से उत्पन्न बालक ही सेठ की सम्पत्ति का स्वामी होगा। उस सम्पत्ति को राजकोष में सम्मिलित करने की जल्दबाजी न करें।

वेत्रवती : जैसी महाराज की आज्ञा।

[जाती है।]

राजा : *(रोककर)* अच्छा, जरा इधर तो आओ।

वेत्रवती : जी, कहिये।

राजा : किसी की सन्तान होने अथवा न होने से क्या ?
अमात्य से कहो कि वे घोषणा करवा दें–
हमारे राज्य में पापियों को छोड़कर हमारी प्रजा के अन्य जो-जो भी जन हैं उनके जो-जो कुटुम्बी न रहें तो उनको निराश नहीं होना चाहिए। उन सबका कुटुम्बी दुष्यन्त है।

प्रतिहारी : महाराज ! मैं यह घोषण करवा देती हूं।

[कुछ देर बाद लौटकर आती है।]

प्रतिहारी : महाराज ! आपकी घोषणा को सुनकर तो प्रजा ऐसे प्रसन्न हुई जैसे सूखी खेती में वर्षा की फुहार पड़ने से हरियाली छा जाती है। महाराज के शासन की सर्वत्र प्रशंसा हो रही है।

राजा : *(लम्बी सांस लेकर)* इसी प्रकार जो लोग निस्सन्तान मर जाते हैं, उनके न रहने पर उनका कुछ धन दूसरों के हाथ चला जाया करता है। मेरे बाद पुरुवंश की राजलक्ष्मी की भी यही दशा होगी।

प्रतिहारी : भगवान ऐसा अशुभ दिन कभी न दिखाये।

राजा : मैंने तो घर आई लक्ष्मी का अपमान किया है। धिक्कार है मुझ अभागे को।

सानुमती : अब तो इसमें सन्देह नहीं करना चाहिए कि इस समय राजा ने शकुन्तला के विषय में ही विचार व्यक्त कर अपने को धिक्कारने की बात कही है।

राजा : मेरी तो यह दशा है–
जिस प्रकार समय पर बीज बोई हुई पृथ्वी फल देने वाली हो जाती हैं उसी प्रकार मुझसे गर्भ धारण करके जो मेरे कुल को चलाने वाली मेरी धर्मपत्नी थी, उसका मैंने निरादर कर उसको छोड़ दिया है।

सानुमती : तुम्हारी सन्तान तुम्हारा वंश चलाने वाली होगी, इसमें सन्देह मत करो।

चतुरिका : *(एकान्त में)* वेत्रवती ! समुद्र के व्यापारी सार्थवाह धनमित्र की मृत्यु का समाचार सुनकर तो हमारे महाराज का दुःख दूना बढ़ गया है। इसलिए उनको इस स्थिति से उबारने के लिए तुम मेघप्रतिच्छन्न भवन में जाकर माढव्य को बुलाकर ले आओ। उसके आने से इनका मन कुछ बहल जायेगा तो यह दुःख भी कम हो जायेगा।

प्रतिहारी : हां, तुम ठीक ही कहती हो।

[जाती है।]

राजा : दुष्यन्त के पिता-पितामह आदि भी बड़े सन्देह में पड़ गये होंगे। क्योंकि–
वे बड़े व्याकुल होकर सोच रहे होंगे कि दुष्यन्त के न रहने पर कौन हमारा वैदिक विधि से तर्पण आदि करेगा। इसी सोच-विचार में वे मेरे द्वारा तर्पण में दिये गये जल के एक भाग से तो अपने आंसू धोते होंगे और शेष भाग को पीकर अपनी पिपासा शान्त करते होंगे।

[इस प्रकार राजा मूर्च्छित-सा हो जाता है।]

चतुरिका : *(घबराकर)* महाराज ! धीरज रखिये, धीरज रखिये, महाराज !

सानुमती : हाय, हाय ! दीपक के प्रज्वलित रहते हुए भी बीच में किसी वस्तु की ओट में आ जाने से जिस प्रकार अन्धकार-सा छा जाता है ठीक उसी प्रकार इस राजा को भी मोह हो गया है। क्या करूं ? मैं तो इसकी चिन्ता अभी दूर कर देती किन्तु विवश हूं।
अदिति ने शकुन्तला को आश्वस्त करते हुए कहा था कि यज्ञ में भाग पाने के लिए उत्सुक देवता लोग ही तुम्हारा और दुष्यन्त का मिलन करायेंगे।
मैं समझती हूं कि अब अधिक विलम्ब करना उचित नहीं है। मुझे तुरन्त जाकर शकुन्तला को यह सारी बात बतानी चाहिए, जिससे कि वह बेचारी आश्वस्त हो जाये।

[यों सानुमती झटके से ऊपर उड़ जाती है।]

[नेपथ्य में]

अरे मार दिया, मार दिया, ब्राह्मण को मार दिया।

राजा : *(ध्यान से क़ान लगाकर सुनता है।)* अरे, यह तो माढव्य का-सा स्वर सुनाई दे रहा है।
कोई है ?

[प्रतिहारी का प्रवेश]

प्रतिहारी : *(घबराहट के स्वर में)* महाराज ! आपके मित्र बड़े ही संकट में पड़ गये हैं। कृपया उनके पास चलकर उनको बचाइये, महाराज !

राजा : माढव्य को कौन सता रहा है ?

प्रतिहारी : महाराज ! समझ में नहीं आ रहा है। लगता है कि किसी भूत-प्रेत ने उनको पकड़ लिया है।

उनको वहां से उठाकर मेघप्रतिच्छन्न भवन की मुंडेर पर ले जाकर टांग दिया है।

[राजा उठता है।]

राजा : यह कैसे हो सकता है ? क्या मेरे घर में भी भूत-प्रेतों ने अपना अड्डा जमाना आरम्भ कर दिया है ?
हां, यह भी सम्भव है–
क्योंकि जब मनुष्य यह जानता ही नहीं कि भूल से न जाने वह स्वयं कितने पाप कर्म कर डालता है, तो फिर यह कैसे जाना ज़ा सकता है कि प्रजा में कौन किस समय कैसा कार्य कर रहा है। यह जानने की शक्ति किसमें है ?

[नेपथ्य में]

भो मित्र ! रक्षा करो, मेरी रक्षा करो।

[राजा वेग से जाता है।]

राजा : मित्र ! डरो मत, डरो मत।

[नेपथ्य में]

हाय, हाय ! मैं किस प्रकार न डरूं। यहां न जाने कौन है जो मेरी गर्दन को ईख के समान मरोड़कर तिहरी किये दे रहा है।

[राजा चारों ओर देखता है।]

राजा : अरे मेरा धनुष कहां है ?

[धनुष-बाण लिये प्रतिहारी का प्रवेश]

यवनी : स्वामिन् ! लीजिये, यह आपका धनुष और बाण।

[राजा धनुष-बाण लेता है।]

[नेपथ्य में]

तेरे कण्ठ के गरम-गरम रुधिर का प्यासा मैं तेरा उसी प्रकार वध करूंगा जिस प्रकार सिंह पशु को तड़पाकर मार डालता है। मैं देखता हूं कि पीड़ितों के रक्षक तुम्हारे धनुर्धारी, महाराज दुष्यन्त अब तुम्हें किस प्रकार बचाने आते हैं।

राजा : *(क्रोध में)* तो क्या तू मुझको भी चुनौती दे रहा है ?

अरे सड़ा मांस खाने वाले पिशाच ! जरा ठहर। तेरा अन्त आ गया है। मैं तुझे अभी समाप्त करता हूं।

[राजा धनुष की प्रत्यंचा चढ़ाता है।]

वेत्रवती ! मुझे सीढ़ियों का मार्ग तो दिखाओ। तुम आगे-आगे चलो, मैं तुम्हारे पीछे चल रहा हूं।

[प्रतिहारी चलती है।]

प्रतिहारी : महाराज ! आइये, इधर से आइये।

[सबका वेग से प्रस्थान]

राजा : *(इधर-उधर देखकर)* यहां तो सब शून्य है, कहीं कोई दिखाई ही नहीं दे रहा है ?

[नेपथ्य में]

हाय ! हाय !! रक्षा करिये, रक्षा करिये ! मैं तो आपको देख रहा हूं किन्तु आप मुझे नहीं देख रहे हैं। बिलाव के पंजे में फंसा चूहा जिस प्रकार जीवन से निराश हो जाता है, वही स्थिति मेरी हो गई है। समझिये बस, मैं तो अपने प्राणों से हाथ धोये बैठा हूं।

राजा : अरे, ओ छल-विद्या के घमण्डी ! अब तो मेरा बाण ही तुझको देख लेगा।
ले, मैं यह बाण चढ़ाता हूं।
और–
जिस प्रकार हंस पानी मिले दूध में से दूध और पानी को अलग-अलग कर देता है उसी प्रकार अब मेरा यह बाण ही तुझ मारे जाने योग्य दुष्ट को मार डालेगा और बचाये जाने योग्य इस ब्राह्मण को बचा लेगा।

[यह कहकर राजा बाण चढ़ाता है।]

[तभी विदूषक को छोड़कर मातलि का प्रवेश]

मातलि : *(राजा से कहता है)–*
राक्षसों को हरिण की भांति मारने के लिए इन्द्र ने यह धनुष-बाण सौंपा है। अब आप चलकर उन राक्षसों पर ही इन बाणों को चलाइयेगा। क्योंकि आप जैसे सज्जन लोग अपने मित्रों पर बाणों की वर्षा नहीं करते, अपितु उन पर तो कृपा की ही वर्षा करते हैं।

राजा : *(आश्चर्य से धनुष पर से बाण उतारकर)* ओ मातलि ! आओ, इन्द्र के सारथि ! आओ, तुम्हारा स्वागत है।

[प्रविष्ट होकर]

विदूषक : अरे-अरे, यह तो मुझे बलि के पशु के समान मारे डाल रहा था सो उसका ही यहां स्वागत करके अभिनन्दन किया जा रहा है ? अनर्थ, महान् अनर्थ !

मातलि : *(मुस्कुराकर)* आयुष्मान् ! जिस कारण से इन्द्र महाराज ने मुझको आपके पास भेजा है उसे पहले सुन लीजिये।

राजा : हां, कहिये न। मैं ध्यान से ही सुन रहा हूं।

मातलि : महाराज ! प्राचीन काल में कालनेमि नाम का एक राक्षस हुआ था।

राजा : हां, हां, मैंने उसका नाम और करतूत सब सुन रही है। वह तो पूर्व काल की बात थी ?

मातलि : वही तो मैं आपको सुना रहा था। कालनेमि पूर्वकाल का था किन्तु उसके वंशज तो इसी काल के हैं। उनके वंशजों ने ऐसा दल बना लिया है कि वह किसी के वश में ही नहीं आ रहे हैं। किसी के हराये वे हारते ही नहीं हैं।

राजा : हां, यह बात बहुत पहले मुझे नारद जी महाराज ने बताई थी। किन्तु उन्होंने उसके कारण कौन दुःखी है, इस विषय में नहीं बताया तो मैं कोई कार्य करने से भी रह गया।

मातलि : अब सुनिये महाराज !

आपके मित्र इन्द्र भी इस समय असमर्थ हो गये हैं। उन्होंने उनको जीतना चाहा था, किन्तु जीत नहीं पाये। तो यही उचित समझा गया है कि अब आप ही उनको रण-क्षेत्र में पछाड़ सकते हैं। क्योंकि–

रात के जिस अन्धकार को सप्तरथी सूर्य नहीं हरा सकता है उस निशान्धकार को चन्द्रमा ही हरा सकता है।

तो अब आप यह धनुष-बाण लिये हुए इन्द्र के रथ पर आरुढ़ होकर विजय के लिए प्रस्थान करिये।

राजा : भगवान मघवा की इस कृपा से मैं अनुगृहीत हूं। चलता हूं। किन्तु यह तो बताइये कि आपने बेचारे माढव्य के प्रति इस प्रकार का व्यवहार क्यों किया था ?

मातलि : मैं जब यहां आया तो मैंने देखा कि आपका मन कुछ खिन्न-सा हो रहा है किन्तु उसका कारण जान नहीं पाया। तब मैंने

यही उपयुक्त समझा कि उस खिन्नता को दूर करने के लिए आपके कोप को जागृत किया जाये। उसके लिए उस समय जो उपाय समझ में आया वह मैंने किया।

क्योंकि—

आग तभी ज्वाला रूप में परिणत होती है जब ईंधन को हिलाया-डुलाया जाता है। इसी प्रकार सांप भी अपना फन उठाकर तभी फुफकारता है जब कोई उसको छेड़ता है।

इसी प्रकार मनुष्य को भी अपने बल और तेज का तभी स्मरण होता है जब कोई उसको उकसाता है अथवा ललकारता है।

राजा : *(विदूषक से)* मित्र ! इन्द्र भगवान की आज्ञा तो अटल है, उसको कौन टाल सकता है।

विदूषक : *(घबराकर)* हां, तो ?

राजा : तो यह कि तुम अमात्य पिशुन के पास जाओ।

विदूषक : फिर ?

राजा : फिर उनसे जाकर कहना—

मेरा धनुष इस समय इधर किसी अन्य कार्य में लगा हुआ है। जब तक वह उधर व्यस्त है तब तक आप अपनी बुद्धि से ही प्रजा की रक्षा करिये।

बस इतना ही।

विदूषक : जैसी आपकी आज्ञा।

[जाता है।]

मातलि : चलिये आयुष्मान ! रथ पर चढ़िये।

[राजा रथ पर चढ़ने का नाटक करता है।]

[सबका प्रस्थान]

सातवां अंक

प्रथम दृश्य

[आकाश मार्ग से रथ पर आरूढ़ राजा और मातलि का प्रवेश।]

राजा : मातलि! मैंने तो केवल इन्द्र महाराज की आज्ञा का पालन मात्र ही किया था। किन्तु जिस भव्यता से उन्होंने मेरा स्वागत-सत्कार किया है उसको देखते हुए तो मेरी सेवा बड़ी ही तुच्छ-सी थी। मैं अपने को बड़ा असमर्थ-सा अनुभव कर रहा हूं।

मातलि : *(मुस्कराकर)* आयुष्मन्! मैं तो कुछ और ही समझ पाया हूं।

राजा : वह क्या?

मातलि : यही, कि एक-दूसरे का आदर-सत्कार करके आप दोनों का ही मन नहीं भर पाया है।

क्योंकि–

इन्द्र का इतना बड़ा काम करके भी आप वही समझ रहे हैं कि यह तो बड़ी तुच्छ-सी सेवा थी। इसका एकमात्र कारण यही है कि आप भगवान इन्द्र को बड़ा सम्मान देना चाह रहे हैं। और उधर वे इन्द्र हैं, वे भी आपकी वीरता से इतने आश्चर्य में भर गये हैं कि अपनी सामर्थ्य से आपका समुचित सत्कार करके भी वे यही समझ रहे हैं कि आएके योग्य स्वागत-सम्मान वे कर ही नहीं पाये हैं।

राजा : मातलि! नहीं, यह बात नहीं है।

वहां से चलते समय मेरा जो सत्कार हुआ है उतने सत्कार-सम्मान की मैं तो कोई कल्पना ही नहीं कर सकता। उन्होंने तो सब देवताओं के देखते-देखते मुझे अपने साथ अपने आधे सिंहासन पर बैठा दिया।

और फिर–

अपने वक्षस्थल पर शोभायमान हरिचन्दन से युक्त उस मन्दार

की माला को उन्होंने अपने गले से उतारकर मुस्कुराते हुए मेरे गले में डाल दिया।

इस मन्दार माला को प्राप्त करने के लिए तो जयन्त तक बड़ी ललचाई आंखों से देख रहा था।

मातलि : आयुष्मन्! जरा मुझे यह तो बताओ कि वह ऐसा कौन-सा सम्मान है जिसे देवराज इन्द्र से पाने के आप योग्य नहीं हैं?

देखो–

इन्द्र जैसे सदा सुख का जीवन बिताने वाले दो ही ऐसे हुए हैं जिन्होंने स्वर्ग से राक्षस रूपी कांटों को उखाड़कर फेंक दिया है।

राजा : *(बीच में ही)* कौन महारथी हैं वे?

मातलि : एक तो प्राचीनकाल में नृसिंह भगवान थे जिन्होंने अपने नखों से देवताओं के शत्रु हिरण्यकशिपु का पेट फाड़ डाला था।

राजा : *(बीच में फिर टोककर)* और दूसरे?

मातलि : और दूसरे आप हैं, जिन्होंने इस बार अपने पैने बाणों से इन्द्रलोक से राक्षसों का सफाया कर दिया है।

राजा : मातलि! यह सब तो भगवान इन्द्र की महिमा का फल है, मैं तो केवल निमित्त मात्र था।

सुनिये–

यदि किसी का कोई सेवक बहुत बड़ा काम करके आवे तो यही समझा जाना चाहिए कि स्वामी ने उसको वैसा काम सौंपकर उसका बड़ा भारी सम्मान किया है, बस उसी का वह फल होता है। यदि सूर्य अपने आगे-आगे अरुण को लेकर न जाय तो स्वयं अरुण में इतना सामर्थ्य कहां कि वह अन्धकार को दूर भगा सके।

मातलि : इस प्रकार की बातें करना आपको ही शोभा देता है। यह आपका बड़प्पन है।

(कुछ और आगे चलकर)

आयुष्मन्! यहां स्वर्ग में आपकी जो कीर्ति फैली है, जरा उसकी धाक तो देखिये।

क्योंकि–

देवता लोग आपकी यशोगाथा को गीतबद्ध करके उनको कल्पवृक्ष की लताओं के कपड़े पर उन रंगों से चित्रित कर रहे हैं, जो अप्सराओं के सिंगार करने के बाद बचे रह गये हैं।

राजा : मातलि! मैं जब यहां राक्षसों से युद्ध करने के लिए आया था तो उस समय राक्षसों से युद्ध का ही मेरे मन में ध्यान था। इस

कारण मैं स्वर्ग का मार्ग भली प्रकार देख ही नहीं पाया था, उस समय मैं अपने ध्यान में ही मग्न था।
अब आप कृपा करके यह तो बतलाइये कि इस समय हम लोग पवन के किस तल पर चल रहे हैं?

मातलि : बताता हूं।
सुनिये–
इस समय हम उस तल पर चल रहे हैं जिसको भगवान ने अपने वामनावतार के समय जिस पर अपना द्वितीय चरण रखकर पवित्र कर दिया था। यहां 'परिवह' नामका वह पवन चला करता है जिसमें आकाशगंगा बहा करती है।
यह वही तल है जो अपनी वायु-धाराओं से नक्षत्रों को ठीक-ठीक चलाया करता है।

राजा : मातलि ! अब मैं समझा हूं।

मातलि : क्या?

राजा : यही कि यहां पहुंचकर मेरे बाहर और भीतर, सभी इन्द्रियों के साथ-साथ मेरा अन्तरात्मा भी प्रसन्न हो उठा है, यह इसी कारण कि हम उस तल पर विचरण कर रहे हैं जिसमें 'परिवह' पवन और आकाशगंगा बहा करती है।

[रथ के पहियों को देखता है और कहता है–]

लगता है, अब हम आकाश के उस भाग पर उतर आये हैं, जिस पर बादल चला करते हैं।

मातलि : यह आपने किस प्रकार जाना?

राजा : देखिये–
आपके रथ का चक्र जलकणों से भीग गया है, इसी से यह जाना जा सकता है कि हम जल भरे मेघों के ऊपर से चले जा रहे हैं।
क्योंकि–
बिजली की चमक से हमारे रथ के घोड़े भी चमक उठते हैं और रथ के पहियों के अरों के बीच में निकल-निकलकर चातक इधर-उधर उड़ते फिर रहे हैं।

मातलि : आयुष्मन्! अब तो आप कुछ ही क्षणों में अपने राज्य की भूमि पर उतर जायेंगे।

राजा : *(नीचे की ओर देखकर)* मातलि! हम लोग जिस वेग से उतर रहे हैं उसमें यह नीचे का मनुष्य लोक कितना विचित्र-सा दिखाई पड़

रहा है? है न यही बात?

मातलि : कैसे?

राजा : देखो–

इस समय ऐसा लगने लगा है कि मानो धरती पर्वतों की ऊंची-ऊंची चोटियों से नीचे को उतर रही हो! वृक्षों की शाखायें, जो पत्तों में छिपी हुई थीं अब वे भी दिखाई पड़ने लगी हैं।

और वह देखिये, दूर से पतली रेखा-सी दिखाई देने वाली नदियां अब चौड़ी होती जा रही हैं और यह पृथ्वी इस प्रकार हमारी ओर उठी-सी चली आती लगती है कि मानो कोई उसको ऊपर को उछाल रहा हो।

मातलि : आपकी यह उपमा ठीक ही है। वास्तव में यही बात है। बड़ा विचित्र सा दृश्य है यह। *(आदर से देखकर)* वाह, वाह! यह पृथ्वी कितनी रमणीय लग रही है, इस समय।

राजा : मातलि ! जरा बताओ तो सही कि पूर्व और पश्चिम के समुद्र तक विस्तार वाला, सुनहरी धारा बहाने वाले संध्याकाल के मेघों की भित्ति के समान लम्बा-चौड़ा दिखाई देने वाला यह कौन-सा पर्वत है ?

मातलि : आयुष्मान ! यह तो किन्नरों का वह निवासस्थल है जहां पर तपस्या करने वालों को शीघ्र ही सिद्धि प्राप्त हो जाती है, यह वही हेमकूट नाम का पहाड़ है।

देखिये–

यहां देवता और दानवों के पिता स्वयम्भू मरीचि के पुत्र प्रजापति कश्यप अपनी पत्नी के साथ बैठे तपस्या कर रहे हैं।

राजा : यह तो मेरे लिए बड़े ही सौभाग्य की बात है। हाथ में आया सौभाग्य छोड़ना नहीं चाहिए।

मातलि : क्या ?

राजा : मैं भगवान कश्यप की प्रदक्षिणा करता हूं, उसके बाद ही यहां से आगे बढ़ेंगे।

मातलि : यह तो आपने उचित ही सोचा है।

[दोनों उतरने का नाटक करते हैं।]

राजा : *(विस्मयपूर्वक–)*

अरे, आपका रथ कब नीचे उतर आया, इसका पता ही नहीं चला। क्योंकि पृथ्वी से न छूने के कारण न तो इसके पहियों की घरघराहट ही सुनाई दी, न धूल ही उड़ी और न आपने रास ही खींची।

मातलि : बस, आयुष्मान के और इन्द्र के रथ में यही तो अन्तर है।

राजा : मातलि ! मरीचि के पुत्र महामुनि कश्यप का आश्रम किधर है ?

मातलि : *(हाथ से दिखाते हुए–)*

वह रहा कश्यप ऋषि का आश्रम। जहां वे ऐसी तपस्याकर रहे हैं कि उनके आधे शरीर तक तो दीमकों ने बांबी उठा ली है। छाती पर न जाने कितने सांपों की केंचुलियां लगी पड़ी हैं। उनके गले में सूखी हुई बेलें उलझी पड़ी हैं। उनकी जटाओं में चिड़ियों ने घोंसले बना लिये हैं।

और वे प्रजापति हैं कि सूखे पेड़ के ठूंठ के समान अचल भाव से सूर्य पर आंखें गड़ाये तप कर रहे हैं।

राजा : ऐसा महान् तप करने वाले महात्मा को मैं प्रणाम करता हूं।

[मातलि रास खींचकर रथ रोकने का नाटक करता है।]

मातलि : महाराज ! हम प्रजापति कश्यप के आश्रम में पहुंच गये हैं। यह देखिये, यह सुन्दर मन्दार के वृक्षों की पंक्ति अदिति ने अपने हाथ से लगाई है।

राजा : यहां तो स्वर्ग से भी बढ़कर शान्ति विराजमान है। ऐसा लगने लगा है मानो मैं अमृत कुण्ड में कूद पड़ा हूं।

[मातलि रथ रोकने का नाटक करता है।]

मातलि : आयुष्मान् ! उतरिये।

[राजा उतरने का नाटक करता है।]

राजा : मातलि ! अब आप क्या करेंगे ?

मातलि : मैंने रथ रोक लिया है। अब मैं भी आपके साथ ही उतर रहा हूं।

[उतरता है।]

मातलि : इधर से आइये आयुष्मन् ! इधर से। *(घूमते हुए)* आइये, यहां ऋषियों की तपोभूमि देखिये।

राजा : वास्तव में, मुझे तो यह सब देखकर बड़ा विस्मय हो रहा है। यहां तो–

ये तपस्वी जन उन वस्तुओं के बीच में बैठकर तपस्या कर रहे हैं जिन्हें पाने के लिए ही दूसरे ऋषि लोग तपस्या किया करते हैं।

यहां पर ये लोग कल्पवृक्षों के वन का वायु पी-पीकर जीते हैं। सुनहरे कमल के पराग से स्रवित जल में स्नान करके पूजा-पाठ करते हैं। रत्न शिलाओं पर बैठकर समाधि लगाते हैं और अप्सराओं के बीच में बैठकर तपस्या करतें हैं।

मातलि : ऐसे महापुरुषों की इच्छायें भी तो वैसी ही महती हुआ करती हैं।

[घूमकर आकाश में।]

कहिये, वृद्ध शाकल्य जी ! इस समय महात्मा कश्यप क्या कर रहे हैं ?

क्या कहा ?

दाक्षायणी ने पतिव्रत धर्म के सम्बन्ध में जो प्रश्न किया था और उसका जो उत्तर उनको दिया गया था, ऋषि पत्नियों ने वह जानना चाहा तो वे उनको सुनाने के लिए ऋषि पत्नियों के समीप बैठे हैं। वही उनको सुना रहे हैं।

राजा : *(कान लगाकर)* अरे, यह तो ऐसा कथा-प्रसंग छिड़ गया है कि अब इसके समाप्त होने तक रुकना ही होगा।

मातलि : *(राजा को देखकर)* जब तक मैं इन्द्र के पिता महर्षि कश्यप को आपके आने की सूचना देने का कोई अवसर खोज निकालता हूं तब तक आप इस अशोक वृक्ष के नीचे ही चलकर बैठिये।

राजा : जैसी आपकी आज्ञा।

[बैठने का अभिनय करता है।]

मातलि : आयुष्मन् ! मैं जा रहा हूं।

[चला जाता है।]

राजा : *(अच्छा शकुन देखकर)* अपने मनोरथ पूरे होने की तो मुझे कोई आशा ही नहीं है। फिर भी ऐ मेरी भुजा ! तुम व्यर्थ में ही क्यों फड़क रही हो ? सच है, जो आई हुई लक्ष्मी को ठुकरा देता है, उसे बाद में इसी प्रकार पश्चात्ताप करना पड़ता है।

[नेपथ्य में]

भई ! यह नटखटपन छोड़ दे। तू क्यों फिर वही अपने पुराने स्वभाव पर उतारू हो गया है ?

[राजा कान लगाकर]

राजा : अरे, यह तो आश्रम है, जहां अविनय के लिए कोई स्थान नहीं। तो फिर यह कौन है जो अपनी ही मनमानी कर रहा है।

[शब्दों का अनुसरण कर उस ओर देख आश्चर्य से।]

अरे, यह कौन पराक्रमी बालक है जिसके पीछे-पीछे दो तपस्विनियां चली आ रही हैं ?
और–
सिंहनी के बच्चे अपनी मां के स्तनों में दूध भी भली प्रकार नहीं पी पाये हैं। वह उनको अपने साथ खेलने के लिए उन्हें बलपूर्वक घसीटे लिये जा रहा है और इस खींचातानी में जिसके केश छितरा गये हैं।

[जैसा कहा गया है तदनुसार तपस्विनियों के साथ बालक का प्रवेश]

बालक : *(तोतली भाषा में)* खोल रे सिंह ! अपना मुंह खोल, मैं तेरे दांत गिनूंगा।

पहली तपस्विनी : अरे नटखट ! जिन्हें हमने अपने बालक के समान पाला हुआ है तू उनको क्यों इतना सताया करता है ? हाय, हाय ! तेरी शैतानी तो दिन-पर-दिन बढ़ती ही जा रही है।
ऋषियों ने जो तेरा नाम सर्वदमन रखा है, वह उन्होंने ठीक सोच-समझकर ही रखा होगा।

[राजा बालक को देखकर]

राजा : न जाने क्यों इस बालक को देखकर मेरे मन में ठीक उसी प्रकार प्रेम उमड़ रहा है जिस प्रकार किसी को अपने औरस पुत्र पर उमड़ता है। हो सकता है, मेरा अपना कोई पुत्र न होने के कारण इस बालक के प्रति मेरे मन में इस प्रकार के भाव उठ रहे हों।

दूसरी तपस्विनी : देख, यदि तूने इन बच्चों को नहीं छोड़ा तो यह जो सिंहनी है न, इनकी मां, वह तुझ पर झपट पड़ेगी।

बालक : *(मुस्कुराकर तोतली भाषा में)* अरे, यह तो बड़ी डरावनी है, उसे देखकर मुझे बड़ा डर लग रहा है।

[बालक ओठ बिचकाता है।]

राजा : यह बालक तो मुझे किसी बड़े ही तेजस्वी महापुरुष का पुत्र-सा दीखता है। यह उस चिनगारी के समान जान पड़ता है जो भड़क

उठने के लिए बस केवल ईंधन की बाट जोह रही हो।

पहली : वत्स ! इस सिंह के बच्चे को छोड़ दे। मैं तेरे खेलने के लिए कोई और खिलौना लाये देती हूं।

[बालक हाथ फैलाता है।]

बालक : कहां है और खिलौना-विलौना, लाओ, दो।

[राजा ध्यान से हाथ की ओर देखकर]

राजा : अरे, इसके हाथ में तो चक्रवर्तियों के लक्षण भी दिखाई दे रहे हैं।
क्योंकि–
यह जाल के समान मिली हुई अंगुलियों वाला खिलौने के लिये फैलाया हुआ इसका हाथ उस अकेले कमल के समान दिखाई दे रहा है जो प्रातःकाल की लाली से चमक रहा हो और जिसकी पंखुड़ियां अभी पूरी खुल भी न पाई हों।

दूसरी तपस्विनी : सुव्रता ! तुम क्या समझती हो कि इसको बातों-बातों में भरमा लोगी ! यह असम्भव है। जाओ, मेरी कुटी में ऋषिकुमार मार्कण्डेय का एक रंगा हुआ मोर रखा हुआ है, उसको उठा लाओ।

पहली : अच्छा।

[जाती है।]

बालक : *(तुतलाते हुए)* ठीक है, तब तक मैं इसके साथ ही खेलूंगा।

[तपस्विनी को देखकर हंस देता है।]

राजा : न जाने क्यों, मुझे तो यह नटखट बालक बड़ा ही प्यारा लग रहा है। धन्य है वह भाग्यवान ! जिसकी गोद में बैठकर यह हंसमुख बालक अपने स्वभाव से और कली के समान कुछ-कुछ झलकते हुए दांतों वाला तथा तुतला-तुतला कर बातें करने वाला यह बालक अपने अंग की धूल उसके अंग में लगाता होगा।

तपस्विनी : अरे यह तो मेरी बात सुनता ही नहीं है।

[इधर-उधर देखती है।]

अरे, कोई ऋषिकुमार इधर है ?

(राजा को देखकर।)

भद्र ! तनिक आप ही आकर इस बालक के हाथ से इस सिंह के बच्चे को छुड़ा दीजिये। यह तो मुझे कुछ गिनता ही नहीं है। इसने इसको इतना कसकर पकड़ रखा है कि मेरे छुटाये तो यह छूटता नहीं। इससे तो बेचारा घुटकर मर जायेगा।

[राजा पास जाकर]

राजा : (मुस्कुराकर) ऐ महर्षि कुमार जी !
तुम यहां के आश्रम के नियमों के विरुद्ध ऐसा काम क्यों कर रहे हो ? ये बेचारे जीव तो जन्म से ही यहां सीधे-सादे रूप में रहकर सुख से अपना जीवन व्यतीत कर रहे हैं। तुम उनको इस प्रकार सता रहे हो जैसे कि काले सांप का बालक चन्दन के पेड़ को सताता है ?

तपस्विनी : भद्र ! यह बालक ऋषिकुमार नहीं है।

राजा : हां, जैसा इसका रूप और आकार है और जिस प्रकार का यह काम कर रहा है उससे भी यही जान पड़ता है कि यह ऋषिकुमार नहीं है।
किन्तु इसको यहां आश्रम में देखकर मैंने इसको ऋषिकुमार कहा था।

[राजा दत्तचित्त होकर बालक के शरीर पर हाथ फेरता है।]

राजा : *(आप-ही-आप)* न जाने यह बालक किस कुल का है। इसके एक बार के स्पर्श से ही मुझको इतना सुख मिल रहा है, तब उस भाग्यवान को जिसका यह अपना सगा पुत्र है, इसको गोद में बैठाकर कितना सुख मिलता होगा।

[तापसी दोनों को देखती है।]

तापसी : आश्चर्य, महान् आश्चर्य।

राजा : आर्ये ! इसमें आश्चर्य की क्या बात है?

तापसी : आपका और इस बालक का एक समान मिलता-जुलता रूप देखकर तो मुझे विस्मय हो रहा है। न केवल इतनी ही बात बल्कि और यह भी है कि आपके सर्वथा अपरिचित होने पर भी इसने आपकी बात को टाला नहीं। आपने जिस प्रकार कहा इसने उसे मान लिया।

[राजा बालक को दुलारता है।]

राजा : *(तापसी से)* यदि यह ऋषिकुमार नहीं है तो फिर यह कौन है ?

कृपया बताइये तो।

तापसी : यह तो पुरुवंश का कुमार है।

[राजा आश्चर्य मुद्रा में]

राजा : *(मन-ही-मन)* अरे, यह क्या मेरे अपने ही वंश-का है। तभी तो यह तापसी इसकी आकृति और मेरी आकृति को एक समान बता रही हैं।

परन्तु पुरुवंशियों की तो यह पारम्परिक रीति है–

युवावस्था में वे पृथ्वी की रक्षा करते हुए विलास संसाधनों से परिपूर्ण राजभवनों में रहते हैं और वृद्धावस्था में अपनी पतिव्रता पत्नी को साथ लेकर वन में जाकर वृक्षों के नीचे कुटिया बनाकर निवास करते हैं।

[प्रकट में]

किन्तु पृथ्वी पर के मनुष्य तो यहां पर अपनी सामर्थ्य से पहुंच नहीं सकते फिर यह बालक यहां किस प्रकार आ गया?

तापसी : आप यह ठीक ही कह रहे हैं। इसकी मां अप्सरा की पुत्री है, इसलिए उसने इसको इस देवगुरु मरीचि के आश्रम में जन्म दिया है।

राजा : *(अपने आप ही)* अरे, यह तो मेरी आशा की दूसरी किरण दिखाई दे रही है।

अच्छा, यह तो बताइये कि वह देवी किस राजर्षि की पत्नी हैं ?

तापसी : *(मुंह बनाकर)* छिः, छिः, जिसने अपनी पत्नी का परित्याग कर दिया हो, ऐसे पापी का नाम भी कौन अपने मुख से निकालना चाहेगा ?

राजा : *(अपने आपसे)* तापसी की यह बात तो बिलकुल मुझ पर घटित हो रही है। यदि ऐसी बात है तो फिर इससे उसके माता-पिता का ही नाम पूछकर देखता हूं।

किन्तु क्या किसी पराई स्त्री के विषय में इस प्रकार पूछना अच्छा होगा ?

[मिट्टी का खिलौना लिये तापसी आती है।]

तापसी : *(बालक से)* सर्वदमन ! इस शकुन्त के लावण्य को तो देख !

[बालक चारों ओर देखता है।]

बालक : कहां है मेरी मां ?

तपस्विनियां : अपनी मां के प्रति इसको इतना मोह है कि उसके नाम के अक्षर सुनते ही इसको भ्रम हो गया है।

दूसरी तापसी : वत्स ! मैं तो कह रही थी कि तुम इस मिट्टी के मोर की सुन्दरता को तो देखो।

राजा : *(अपने आप)* तो क्या इसकी माता का नाम शकुन्तला है ? किन्तु इतने बड़े संसार में तो एक जैसे नाम के अनेक प्राणी हो सकते हैं। कहीं मृगतृष्णा की भांति यह नाम भी मेरे दुःख को बढ़ाने के लिए न आ गया हो ?

बालक : *(तोतली भाषा में)* आर्य ! यह मोर बड़ा अच्छा है।

[खिलौना ले लेता है।]

पहली तापसी : *(देखकर घबराहट से)* अरे इसकी भुजा पर बंधा रक्षा-कवच रूपी वह मणिबन्ध नहीं दिखाई दे रहा है।

राजा : बस, बस ! घबराये नहीं। सिंह के बच्चे के साथ जब यह खींचातानी कर रहा था, उस समय यह यहीं गिर गया था।

[उठाना चाहता है।]

दोनों : *(घबराकर)* नहीं, नहीं, इसको मत छूइये। *(आश्चर्य से)* अरे, इन्होंने तो उसको उठा लिया है।

[एक-दूसरी को देखती हैं।]

राजा : *(आश्चर्य से)* आप लोगों ने मुझे इसको उठाने से रोका क्यों था ?

तापसी : सुनिये महाराज ? इसके जात-कर्म संस्कार के समय महर्षि मारीचि ने यह अपराजिता नाम की औषधि इसको दी थी। इसको इसके हाथ में बांधते समय उन्होंने कहा था कि यदि किसी कारणवश यह पृथ्वी पर गिर पड़े तो इसको इसके माता-पिता के अलावा अन्य कोई न उठावे।

राजा : यदि किसी अन्य ने उठा लिया तो ?

प्रथमा : तब यह सांप बनकर उस उठाने वाले को तत्काल डस लेगी।

राजा : क्या कभी आपने इस प्रकार होते देखा भी है ?

तापसी : हां, क्यों नहीं। बहुत बार देखा है।

राजा : *(हर्षोन्माद से मन-ही-मन)* तब मैं अपना मनोरथ पूरा होने पर फूला क्यों न समाऊं।

[बालक को अपनी छाती से लगा लेता है।]

दूसरी तापसी : सुव्रते ! आओ, यह शुभ समाचार उस तपस्विनी शकुन्तला को तो

सुना आयें।

[दोनों जाती हैं।]

बालक : *(तोतली भाषा में)* छोड़ो, मुझे छोड़ दो, मैं अपनी माता के पास जाउंग्गा।

राजा : पुत्र ! अब तुम मेरे साथ ही अपनी माता के पास चलकर उनको आनन्द देना।

बालक : *(तुतलाकर)* तुम मेरे पिता नहीं हो। मेरे पिता तो राजा दुष्यन्त हैं।

राजा : *(मुस्कुराकर)* यह विवाद ही तो मेरे विश्वास को दृढ़ कर रहा है।

[शकुन्तला आती है।]

शकुन्तला : यह सुनकर भी कि सर्वदमन की भुजा से गिरी जड़ी को छूने पर भी वह सांप नहीं बनी, मुझे अपने भाग्य पर भरोसा नहीं हुआ। अथवा यह भी कि सानुमती ने जो कुछ कहा था, सम्भव है वह ठीक ही हो।

[राजा शकुन्तला को देखता है।]

राजा : अरे, ये ही तो देवी शकुन्तला हैं। इनके शरीर पर यह मैले कपड़ों का जोड़ा पड़ा हुआ है, तप करते-करते जिनका मुख सूख गया है, जिनके बाल एक लट में उलझे पड़े हैं और जो शुद्ध मन से मुझ जैसे निर्दयी के वियोग में इतने दिनों से तप करती चली आ रही हैं।

शकुन्तला : *(पश्चात्ताप से पतिवर्ण राजा को देखकर)* ये तो आर्यपुत्र जैसे नहीं दीख पड़ते। तब ये कौन हैं। ये तो रक्षा से बंधे मेरे पुत्र को अपने शरीर से लगा-लगाकर उसके शरीर को मैला कर रहे हैं।

[बालक माता को देखकर उसके पास चला जाता है।]

बालक : *(तुतलाकर)* मां ! देखो, ये कोई पुरुष मुझको बेटा कहकर अपने गले से लगा रहे हैं।

राजा : प्रिये ! मैंने तुम्हारे साथ जो निठुराई की थी उसका यही दण्ड है कि अभी तक भी तुमने मुझे पहचाना नहीं है।

शकुन्तला : *(आप-ही-आप)* अय मेरे हृदय ! तनिक धीरज धरो। धीरज धरो। भूलवश परित्यक्त मुझ अभागिनी पर दैव आज कृपालु हुआ है। हां, यह तो आर्यपुत्र ही हैं।

राजा : प्रिये !

यह मेरा बड़ा ही सौभाग्य है कि मेरी स्मृति पर पड़ा हुआ मोह का पट आज हट गया है। आज तुम अनायास ही मेरे सम्मुख खड़ी हो। सुमुखि ! तुम आज वैसे ही मिल गई हो जिस प्रकार ग्रहण बीत जाने पर रोहिणी चन्द्रमा से आकर मिल जाती है।

शकुन्तला : आर्यपुत्र की जय हो, आर्यपुत्र की जय...

[इतने में गला रुंध जाता है और आगे नहीं कह पाती।]

राजा : सुन्दरी !
तुमने अपने रुंधे हुए कण्ठ से जो 'जय' शब्द कहा है उसी से मेरी जय हो गई है। क्योंकि आज मेरी आंखों ने तुम्हारे उस मुख को फिर से देख लिया है जिसके ओष्ठ रंगे न जाने के कारण पीले पड़ गये हैं।

बालक : मां ! ये कौन हैं ?

शकुन्तला : पुत्र ! अपने भाग्य से पूछ।

[राजा शकुन्तला के पैरों में पड़ता है।]

राजा : सुन्दरी ! मैंने तुम्हारा जो निरादर किया था उसकी कसक अब तुम अपने मन से निकाल डालो। न जाने कहां से उस समय मेरे मन में अज्ञान का अन्धकार छा गया था।
सचमुच जो तमोगुणी होते हैं, वे अच्छे कामों में भी इस प्रकार भूल कर बैठते हैं। क्योंकि अन्धे के गले में यदि कोई माला भी डाले तो वह सांप समझकर झटके से उतार फेंकता है।

शकुन्तला : उठिये आर्यपुत्र ! निश्चय ही उन दिनों कोई मेरा पिछले जन्म का पाप फल रहा होगा। उसी से इतने दयालु आर्यपुत्र भी मुझ पर इतने कठोर होकर रुष्ट हो गये थे।

[राजा उठता है।]

शकुन्तला : आर्यपुत्र ! परन्तु यह तो बताइये कि आपको इस दुखिया का स्मरण किस प्रकार हो आया ?

राजा : पहले अपने विषादरूपी कांटे को निकाल लूं, फिर बताता हूं। सुन्दरी ! तुम्हारी आंखों के आंसुओं की बूंदें उस दिन गालों पर से ढुलककर अधरों को चोट पहुंचा रही थीं और जिनका मैंने उस दिन अनजाने निरादर कर दिया था वे आज भी तुम्हारी टेढ़ी बरौनियों में उलझी दिखाई दे रही हैं।
उन्हें मैं जब तक अपने हाथ से न पोंछ लूं, तब तक मेरे मन को शान्ति नहीं मिल सकती।

[अपने हाथ से शकुन्तला के आंसू पोंछता है।]

शकुन्तला : *(दुष्यन्त की अंगुली में उनके नाम वाली अंगूठी देखकर)* आर्यपुत्र यह तो आपकी वही अंगूठी है।

राजा : हां, इस अंगूठी के मिल जाने पर ही तो मुझे वे सब बातें स्मरण हो आईं।

शकुन्तला : इसने तो सचमुच ही बड़ा खोटा काम किया था। जब मैं इसको दिखाकर आर्यपुत्र को विश्वास दिलाने वाली थी कि ठीक उसी समय न जाने यह कहां गायब हो गई थी।

[राजा अंगूठी उतारकर शकुन्तला को देता है।]

राजा : जिस प्रकार लता में फूल लगने से यह समझ लिया जाता है कि लता का वसन्त से मिलन हो गया है, वैसे ही तुम भी मुझसे मिलने की पहचान के रूप में यह अंगूठी पहन लो।

शकुन्तला : *(रोकते हुए)* नहीं, नहीं। अब मेरा इस पर विश्वास नहीं रहा। आर्यपुत्र ही इसको पहने रहें।

[मातलि का प्रवेश]

मातलि : धर्मपत्नी से मिलने और पुत्र का मुख देखने के लिए आयुष्मान को मेरी बधाई स्वीकार हो।

राजा : मातलि ! मेरे मनोरथ का तो वास्तव में बड़ा ही मीठा फल प्राप्त हुआ है। किन्तु इन्द्र भगवान तो यह सब जानते नहीं होंगे ?

मातलि : *(मुस्कुराकर)* भला, देवताओं से भी कोई बात छिपी रह सकती है ? आइये ! आयुष्मन् आइये ! भगवान मरीचि आप को दर्शन देना चाहते हैं।

राजा : शकुन्तला ! लो तुम बालक को थाम लो। मैं तुमको आगे करके ही भगवान मरीचि के दर्शन करना चाहता हूं।

शकुन्तला : मुझे तो आर्य के साथ बड़ों के पास जाने में लाज आने लगती है।

राजा : हर्ष के समय तो साथ ही चलना चाहिए। आओ, आओ।

[सब घूमते हैं।]

[दृश्य परिवर्तन]

[अदिति के साथ आसन पर बैठे हुए मरीचि दिखाई देते हैं।]

मरीचि : *(राजा को देखकर)* दाक्षायणि ! यह देखो दुष्यन्त।

ये ही वे राजा दुष्यन्त हैं जो सारे संसार का पालन करते हैं, जो तुम्हारे पुत्र इन्द्र की लड़ाई में सबसे आगे रहते हैं और जिनके धनुष ने इतना काम कर डाला है कि इन्द्र का तीखी धार वाला वज्र उनका आभूषण बनकर शोभायमान हो रहा है।

अदिति : इनके डील-डौल से ही इनके पराक्रम का ज्ञान हो रहा है।

मातलि : आयुष्मन् ! यह हैं देवताओं के माता-पिता। ये आपकी और ऐसे प्यार से देख रहे हैं जैसे माता-पिता अपने बच्चों को देखते हैं। जाओ, उनके समीप जाओ।

राजा : मातलि ! ये ही वे हैं–

जो ब्रह्मा से एक पीढ़ी उपरान्त दक्ष और मरीचि से उत्पन्न हुए थे, जिन्हें ऋषि लोग बारहों आदित्यों के माता-पिता मानते हैं। यज्ञ में भाग लेने वाले इन्द्र ने जिनसे जन्म लिया है ओर अपने में अपने-आप उत्पन्न होने वाले ब्रह्मा भी संसार का कल्याण करने के लिए जिनकी गोद में जन्म लिया करते हैं।

मातलि : और नहीं तो क्या ?

[राजा पास पहुंचकर।]

राजा : नित्य ही इन्द्र की आज्ञा का पालन करने वाला यह दुष्यन्त; आप दोनों को प्रणाम करता है।

मरीचि : वत्स ! चिरंजीव रहो। पृथ्वी का भली प्रकार पालन कर यश अर्जन करो।

अदिति : वत्स ! अप्रतिरथ बनो। तुम इतने बलवान बनो कि कोई भी शत्रु तुम्हारे सम्मुख टिकने न पाये।

शकुन्तला : मैं अपने पुत्र के साथ आप दोनों के चरणों में प्रणाम करती हूं।

मरीचि : वत्से !

तुम्हारा पति इन्द्र के समान है, तुम्हारा पुत्र जयन्त के समान है। इसलिए मैं असमंजस में हूं कि तुम्हें किस प्रकार का आशीर्वाद दूं। हां, मैं तुमको आशीर्वाद देता हूं कि तुम पौलोमी, अर्थात् इन्द्राणी के समान तेजस्वी बनो।

अदिति : बेटी ! तुम अपने पति से आदर पाने वाली बनो। तुम्हारा पुत्र दीर्घायु पाकर दोनों कुलों को सुख देने वाला बने।

आओ, बैठ जाओ।

[सब प्रजापति के चारों ओर बैठ जाते हैं।]

मरीचि : *(सबको एक-एक कर संकेत करते हुए–)*

आज सौभाग्य से यह पतिव्रता शकुन्तला, यह श्रेष्ठ बालक और तुम, तीनों ऐसे एकत्रित होकर मिल गये हो जिस प्रकार कि श्रद्धा, धन और क्रिया तीनों एक साथ मिल जायं।

राजा : भगवन् ! आपकी कृपा तो वास्तव में बड़ी ही विचित्र है जिसमें मनोरथ तो पहले ही सिद्ध हो जाता है और दर्शन का सौभाग्य बाद में प्राप्त होता है।

क्योंकि–

कार्य और कारण का तो यही क्रम है कि पहले फूल लगता है उसके बाद ही फल आता है। पहले बादल उठते हैं उसके बाद वर्षा होती है।

पर आपके यहां तो सारे सुख आपकी कृपा के तो ऐसे ही होती है।

मातलि : जो स्वयं भाग्य के निर्माता हैं, उनकी कृपा के आगे-आगे चलते हैं।

राजा : भगवन् ! मैंने आपकी इस आज्ञाकारिणी कन्या से एक समय में गन्धर्व रीति से विवाह कर लिया था। उसके कुछ दिन उपरान्त जब इनके सगे-सम्बन्धी इन्हें लेकर मेरे पास आये तो न जाने मेरी स्मृति को क्या हो गया कि मैं इनको पहचान ही नहीं पाया। मैं वह सब एकदम ही भूल गया था। उस समय मैंने इनका बड़ा निरादर करके लौटा दिया था।

ऐसा करके मैंने आपके सगोत्री महर्षि कण्व का बड़ा भारी अपराध किया था। फिर जब मेरे पास किसी प्रकार से यह अंगूठी आ गई और मैंने इसको देखा तो उस समय मुझे सब स्मरण हो आया कि मैंने कण्व जी की कन्या से उनके आश्रम में गान्धर्व रीति से विवाह किया था।

ये सब बातें मुझे बड़ी विचित्र-सी जान पड़ रही हैं।

मुझे अपनी यह भूल ठीक वैसी ही लग रही है जैसे आंख के सामने से चले जाते हुए हाथी को देखकर मन में यह सन्देह हो कि यह हाथी है अथवा कि नहीं। और फिर उसके दूर निकल जाने पर उसके पैरों की छाप देखकर यह विश्वास किया जाये कि हां, वास्तव में ही वह तो हाथी ही था।

मरीचि : वत्स ! तुम अपने मन से अपनी अपराध-भावना बिलकुल ही निकाल डालो। क्यों कि इस प्रकार की भूल तु से तो हो ही नहीं सकती। जो कुछ हुआ वह मैं तुम्हें सुनाता हूं।

सुनो–

राजा : जी, मैं सुन रहा हूं।

मरीचि : जब बिलखती हुई मेनका इस शकुन्तला को लेकर, अप्सरा तीर्थ से उतरकर यहां दाक्षायणी के समीप आई तो उसी समय मैंने ध्यान से जान लिया था कि वह दुर्वासा का शाप ही था जो तुमने अपनी इस तपस्विनी धर्मपत्नी को उस समय न पहचानने के कारण त्याग दिया था।

किन्तु दुर्वासा का वह शाप तब तक के लिए ही था जब तक कि तुम इस अंगूठी को न देख लो। अब उसके साथ ही वह शाप समाप्त हो गया है।

[राजा उच्छ्वास लेता है।]

राजा : चलिये, दोष से मुक्ति तो मिली।

शकुन्तला : *(स्वगत)* यह बड़े भाग्य की बात है कि आर्यपुत्र ने मुझे अकारण ही नहीं त्यागा था। किन्तु यह तो मेरे स्मरण में आ ही नहीं रहा कि मुझसे कब महर्षि दुर्वासा के प्रति अपराध हुआ और कब उन्होंने मुझे ऐसा शाप दिया था।

या फिर यह भी हो सकता है कि शाप मुझको ही मिला हो और अपने विरह की धुन में मुझे उसका स्मरण ही न रहा हो।

अब मेरी समझ में आने लगा है। आश्रम से चलते समय मेरी सखियों ने मुझसे कहा था कि यदि आवश्यकता पड़ जाये तो अपने पति को यह उनकी दी हुई अंगूठी दिखा देना।

मरीचि : वत्से ! तुमने इसका अभिप्राय ठीक ही समझा है।

इसलिए अब तुम अपने पति के प्रति किसी प्रकार का रोष और क्रोध न करना।

देखो–

जिस प्रकार दर्पण पर धूल पड़ी रहने से उसमें कोई अपना प्रतिबिम्ब ठीक प्रकार से नहीं देख सकता किन्तु उसकी धूल साफ कर दी जाती है तो उसमें अपना प्रतिबिम्ब स्पष्ट दिखाई देने लगता है। ठीक वैसे ही शाप के कारण राजा के मन में स्मृति धुंधली पड़ जाने से उन्होंने तुम्हारा परित्याग कर दिया था। किन्तु जब शाप छूट गया तो उन्होंने तुम्हें भली-भांति पहचान लिया है और ग्रहण भी कर लिया है।

राजा : भगवान ठीक कहते हैं।

मरीचि : वत्स ! हमने शकुन्तला के पुत्र के अब तक के सब संस्कार भली-भांति सम्पन्न कर दिये हैं। तुम बताओ कि तुमने उसको स्वीकार किया है अथवा कि नहीं ?

राजा : भगवन् ! यही बालक तो हमारा वंश चलाने वाला है।

[बालक को गोद मे उठाने का अभिनय करता है।]

मरीचि : वत्स ! तुम्हारा वंश तो यह चलायेगा ही। किन्तु यह तो चक्रवर्ती सम्राट भी होगा।
देखो–
यह बालक अपने दृढ़ और सीधे चलने वाले रथ पर आरूढ़ होकर समुद्र पार करके सातों द्वीपों वाली पृथ्वी को इस प्रकार अकेला जीत लेगा कि संसार का कोई भी वीर इसके सम्मुख टिक ही नहीं पायेगा।
यहां इसने आश्रम के सब जीवों को बहुत तंग किया हुआ था। इसीलिए इसका नाम सर्वदमन पड़ गया था। किन्तु आगे चलकर यह इस संसार का भरण-पोषण करेगा। इसलिए इसका नाम भरत होगा।

राजा : भगवन् ! जो बालक आपके द्वारा संस्कारित हो उसमें हमें इन सब बातों की ही आशा करनी चाहिए।

अदिति : भगवन् ! इस कन्या के मनोरथ पूरे होने की सारी गाथा सविस्तार महर्षि कण्व जी को भी तो भेज देनी चाहिए।
इसे प्यार करने वाली इसकी माता मेनका ने यहां रहकर हम लोगों की बड़ी सेवा की है।

शकुन्तला : *(आत्मगत)* देवीजी ने तो मेरे ही मन की बात कह डाली हैं।

मरीचि : सुभगे ! महर्षि कण्व अपने तप के प्रभाव से इन सब बातों को भली-भांति जानते हैं।

राजा : हां तभी। यही कारण है कि उन्होंने मेरे इतने बड़े अपराध पर भी मुझ पर किसी प्रकार का क्रोध नहीं किया।

मरीचि : फिर भी हमें अपनी ओर से उनको यह प्रिय संवाद भेजना चाहिए। अरे, कोई है यहां पर ?

[शिष्य का प्रवेश]

शिष्य : भगवन् ! मैं हूं।

मरीचि : गालव ! तुम अभी आकाश मार्ग से महर्षि कण्व के आश्रम में जाकर मेरी ओर से उनको कहो क्रि शापमुक्त होने पर दुष्यन्त को सब स्मरण हो आया है और उन्होंने शकुन्तला और उसके पुत्र को ग्रहण कर लिया है।

शिष्य : जैसी भगवान की आज्ञा।

[जाता है।]

मरीचि : वत्स ! तुम भी अब अपने पुत्र और धर्मपत्नी को साथ लेकर अपने मित्र इन्द्र के रथ पर आरूढ़ होकर अपनी राजधानी को लौट जाओ।

राजा : जैसी भगवान की आज्ञा।

मरीचि : और सुनो–
इन्द्र तुम्हारी प्रजा के लिए सदा भरपूर वर्षा किया करे।
तुम भी सैकड़ों गणतन्त्रों पर राज्य करते हुए बहुत से यज्ञ करके इन्द्र को प्रसन्न करते रहो। इस प्रकार तुम दोनों एक-दूसर के लिए अच्छे-अच्छे काम करते रहो जिससे कि दोनों लोग सुखी रह सकें।

राजा : भगवन् ! आपके आशीर्वाद से मैं सदा ही अच्छे काम करने के लिए यत्नशील रहूंगा।

मरीचि : वत्स ! मैंने तो आशीर्वाद दे दिया। अब तुम्हारी कोई और इच्छा हो तो तुम वह भी कह डालो। बताओ, मैं तुम्हारा किस प्रकार भला कर सकता हूं।

रांजा : आपने जो आशीर्वाद मुझे दिया है उससे बढ़कर अब और मेरी क्या चाह हो सकती है, तदपि यदि आप मुझ पर कुछ और कृपा करना चाहते हों, तो फिर कृपा करके यही वर दीजिए कि– राजा सदा भलाई में लगे रहें, बड़े-बड़े विद्वान् कवियों की वाणी का सर्वत्र आदर हो और अपने से उत्पन्न होने वाले तथा चारों ओर अपनी शक्ति फैलाने वाले देवों के देव महादेव जी ऐसी कृपा करें कि मुझे पुनः इस धरती पर जन्म न लेना पड़े।

[सब जाते हैं।]

समाप्त

❑❑❑